新时代"三农"问题研究书系

农业产业集聚
对农业绿色发展的影响研究

Nongye Chanye Jiju
Dui Nongye Lüse Fazhan De Yingxiang Yanjiu

薛 蕾○著

西南财经大学出版社
Southwestern University of Finance & Economics Press
中国·成都

图书在版编目(CIP)数据

农业产业集聚对农业绿色发展的影响研究/薛蕾著.—成都:西南财经大学
出版社,2022.11
ISBN 978-7-5504-5507-8

Ⅰ.①农…　Ⅱ.①薛…　Ⅲ.①产业集群—影响—绿色农业—农业发展—研
究—中国　Ⅳ.①F323

中国版本图书馆 CIP 数据核字(2022)第 149864 号

农业产业集聚对农业绿色发展的影响研究

薛蕾　著

策划编辑:李玉斗
责任编辑:李　琼
责任校对:李思嘉
封面设计:何东琳设计工作室
责任印制:朱曼丽

出版发行	西南财经大学出版社(四川省成都市光华村街55号)
网　　址	http://cbs.swufe.edu.cn
电子邮件	bookcj@swufe.edu.cn
邮政编码	610074
电　　话	028-87353785
照　　排	四川胜翔数码印务设计有限公司
印　　刷	四川五洲彩印有限责任公司
成品尺寸	170mm×240mm
印　　张	13.25
字　　数	196 千字
版　　次	2022 年 11 月第 1 版
印　　次	2022 年 11 月第 1 次印刷
书　　号	ISBN 978-7-5504-5507-8
定　　价	68.00 元

前　言

　　农业对我国国民经济发展和社会进步具有重要影响，自新中国成立以来，我国政府相继制定了一系列支农政策，农业生产取得了极大的发展和成就。但与此同时，受制于科技水平、基础设施等因素，我国农业生产也面临着生产方式总体粗放、产出水平较低、生态环境恶化等瓶颈。在此背景下，如何加快推动农业实现绿色转型发展，成为我国应当解决的重要问题。

　　本书对农业产业集聚和农业绿色发展的概念进行了界定，并在对国内外大量相关文献进行梳理和整理的基础上，结合马歇尔的产业区位论、杜能的农业区位理论、马克思主义生态文明理论、习近平生态文明思想等主要理论，综合采用定性分析法、定量分析法等方法，遵循"提出问题—分析问题—解决问题"的分析框架，研究了农业产业集聚对农业绿色发展的影响。首先，本书运用区位熵指标对我国 30 个省份（不含西藏和港、澳、台数据，下同）1990—2016 年的农业产业集聚度进行刻画，并着重分析了农业产业集聚度的时空分异；其次，本书构建农业产出强度和人均农业产出两个指标来衡量农业产出增长，将农业产业集聚纳入经典的 Cobb-Douglas 生产函数中，采用系统 GMM、面板 OLS、FGLS 估计法，对全国层面和区域层面农业产业集聚对农业产出增长的影响进行实证检验，并采用弱内生性子样本检验和半参数回归进行稳健性检验；再次，本书选择相关指标，运用 Maxdea7.0 软件，采用 SBM-undesirable 模型测算了农业绿色生产效率，以环境规制为门限变量，运用面板门限回归估计、OLS 估计以及

FGLS 估计对全国层面和区域层面农业产业集聚对农业绿色生产效率的影响进行实证分析，并用变换门限变量后的面板门限回归和半参数回归进行稳健性检验；最后，本书根据现有学术成果测算了农业面源污染排放量，构建地理距离矩阵和经济地理嵌套矩阵，采用空间自回归模型和空间滞后模型对全国层面和区域层面农业产业集聚对农业面源污染的影响进行实证检验，并采用变换被解释变量和变换空间矩阵的方式对研究结果进行稳健性检验。基于理论分析和实证分析的结论，本书提出了推进农业产业集聚、实现农业绿色发展的政策建议。

本书的研究结论主要如下：

第一，受地理区位、技术创新等因素的影响，我国农业产业集聚表现出显著的时空分异特征。在农业产业集聚的空间差异方面，海南、广西、贵州、新疆、四川 5 个省份长期处于高度集聚状态，云南、湖南、江西、安徽、河南等 15 个省份长期处于中度集聚状态，其余省份长期处于低度集聚状态。我国农业产业空间集聚程度呈现出较严重的区域不平衡态势，农业产业高度集中在我国中部、西部地区。在农业产业集聚的时序差异方面，海南、广西、贵州、新疆、四川在较高集聚程度上还保持了大幅度增长，黑龙江、云南、甘肃、湖北、吉林、陕西、青海、河北、陕西、青海、河北、辽宁、山西的农业产业集聚规模增长幅度有限，其余各省份的农业产业集聚程度均呈下降趋势。

第二，1990—2016 年，我国农业产出强度和人均农业产出均出现较大幅度的增长。在农业产出强度方面，东北地区、东部地区、中部地区、西部地区的平均值分别为 43 亿元/公顷、132 亿元/公顷、66 亿元/公顷、28 亿元/公顷，平均增长幅度分别为 26 亿元/公顷、68 亿元/公顷、36 亿元/公顷、15 亿元/公顷；在人均农业产出方面，东北地区、东部地区、中部地区、西部地区的平均值分别为 0.431 万元/人、0.344 万元/人、0.236 万元/人、0.246 万元/人，平均增长幅度分别为 0.876 万元/人、0.599 万元/人、0.494 万元/人、0.526 万元/人。实证检验表明：①前期农业生产状况会对当期农业生产状况产生影响；②在全国层面，随着农业产业集聚度的提高，农业产出强度和人均农业产出均呈现出先增长、后下降、再增长的趋势，二者之间呈"N"形关系；③在区域层面，农业产出的两个指标和农业产业集聚之间的关系在东北地区和西部地区呈"N"形，即随着农业产业集聚度的提高，农业产出呈现出先增长、后下降、再增长的趋势，与全国保持一致，在东部地区和中部地区则呈现倒"U"形，即随着农业产业集聚度的提高，农业产出呈现出先增长、后下降的趋势。

第三，1990—2016 年，我国农业绿色生产效率普遍实现了较大幅度的提升。在区域层面，东北地区、东部地区、中部地区、西部地区的农业绿色生产效率平均值分别为 0.312、0.456、0.319、0.341，东北地区、东部地区、中部地区、西部地区农业绿色生产效率的平均增长幅度分别为 0.293、0.529、0.396、0.358；各个省份的农业绿色生产效率差距较大，且这种差距在不断缩小。门限回归结果表明：①在全国层面，农业产业集聚与农业绿色生产效率之间确实存在着以环境规制为二重门限的非线性关系，农业产业集聚最初对农业绿色生产效率产生抑制作用，随着环境规制力度的不断提升，这种抑制作用不断减少直至为 0，之后则产生正向的推动作用并不断变强；②在区域层面，东北地区农业产业集聚与农业绿色生产效率之间存在着以环境规制为二重门限的非线性关系，中部地区、西部地区存在着以环境规制为单一门限的非线性关系，东部地区则不存在门限效应；③面板回归结果表明，农业产业集聚与农业绿色生产效率之间的关系在全国层面、东部地区、西部地区均表现为先降低、后增长、再降低的倒"N"形，在东北地区和中部地区则表现为先增长、后降低、再增长的"N"形。

第四，在 1990—2016 年，我国农业面源污染排放总量普遍经历了先增长后减少的趋势。在区域层面，东北地区、东部地区、中部地区、西部地区的农业污染排放量平均值分别为 208.528 万吨、561.418 万吨、384.941 万吨、486.335 万吨，平均增长量分别为 14.412 万吨、-0.849 万吨、76.897 万吨、139.032万吨。实证回归结果表明：①我国农业面源污染排放具有显著的空间相关性；②在全国层面，农业面源污染排放总量随着农业产业集聚度的提高而呈现出先降低、后增长、再降低的趋势，二者之间呈倒"N"形关系；③在区域层面，上述现象在四大区域中也普遍存在，即在所有地区农业面源污染与农业产业集聚之间都存在倒"N"形关系，但拐点不同。

与现有研究成果相比，本书重点研究了农业产业集聚对农业绿色发展的影响效应以及这种效应的区域异质性。本书的创新点主要如下：

第一，本书从农业产业集聚视角出发，研究其对农业绿色发展产生的效应。就现有研究来看，现有文献对农业产业集聚的关注度较低，农业产业集聚本身所具有的优势与效应值得我们展开研究。与此同时，针对农业绿色发展这一热点问题，现有文献重点研究了意义、内涵、政策建议等内容，较少从农业产业集聚这一视角展开研究。因此，研究农业产业集聚对农业绿色发展的影响在一定程度上拓展和丰富了相关理论。

第二，本书构建了农业产业集聚影响农业绿色发展的理论模型。综合现有文献，本书将农业绿色发展的内涵定义为产出增加、绿色生产效率提升、环境友好三个方面，并根据现有的产业集聚理论，提出农业产业集聚具有提高交易效率、生产效率、创新效率和竞争效率等优势，进而对农业绿色发展的三个方面产生影响，具有一定的创新性。

第三，本书借助计量方法来分析农业产业集聚对农业绿色发展的影响。现有文献大多以规范研究为主，较少进行实证分析，导致研究结果的说服力不足。本书采用1990—2016年我国30个省份的面板数据，综合采用动态面板模型、面板门限模型、空间面板模型等计量方法，实证分析了农业产业集聚对农业绿色发展是否产生了理论分析中应有的效应，具有一定的创新性。

第四，本书根据理论分析和实证分析的结论提出了相应的政策建议。关于如何推动农业产业集聚、促进农业绿色发展，本书基于前文中分析得出的结论，从健全农业绿色发展体制机制、促进农业产业集聚合理发展、完善农业绿色发展支撑体系、转变农业传统生产方式等角度出发，提出了相应的政策建议，从而为政府部门制定相关政策提供理论依据。

薛蕾

2022年1月

目　录

1 绪论

1.1 研究背景

自古以来，我国将农业视为平定天下、安稳民心的重要产业，十分重视农业的发展。改革开放以来，我国以市场化为导向对农业进行了一系列改革，不仅逐渐打破了原有体制的束缚，推动了农村经济的跨越性发展，而且促进了经济体制改革的全面推进，为我国经济快速发展奠定了坚实的基础。在此期间，我国农业取得了举世瞩目的发展成就，在 1978 年我国国内生产总值按当年价格计算为 3 678.7 亿元，其中第一产业增加值为 1 018.5 亿元，占国内生产总值的比重为 27.7%，而在 2018 年我国国内生产总值已达 900 309 亿元，其中第一产业增加值为 64 734 亿元，占国内生产总值的比重下降为 7.2%①。随着工业化、城镇化进程的不断加快，农业在我国经济总量中所占比重不断下降，但作为国民经济中十分重要的基础部门，农业在经济发展和社会进步中依然发挥着不可替代的重要作用。首先，农业可以保证粮食安全。一个国家的农业生产，一方面要为本国提供粮食，消除本国国民饥饿与营养不足的风险，提高本国人民的身体健康水平；另一方面也可以保证粮食自给能力，减少本国对于国际农业市场的依赖，从而增强本国粮食安全的保障能力。其次，农业可以产生环境效益。

---

① 中华人民共和国统计局. 中华人民共和国 2018 年国民经济和社会发展统计公报 [J]. 中国统计，2019（3）：8-22.

农业生产过程中对土地、植物的改变与管理，可以有效增加动植物量和养分固定量，遏制水土流失，减少荒漠化等，不断提高资源承载力，增加农业生态系统的弹性。再次，农业除生产和提供农产品与原材料外，还可以增加就业岗位，促进社会公平等。最后，农业具有社会功能。由于农业具有明显的区域分布性和土地依赖性等特点，农业的发展为农村居民提供了生产生活的空间与就业机会，这不仅推动形成了各具特色的农村生产生活模式，也为农村居民提供了兜底保障，从而减少农民盲目流动的现象发生，促进社会安定。现阶段我国仍有一半以上的人口居住、工作在农村，"三农"问题将长期存在，因此，巩固农业在国民经济中的基础地位、不断推动农业实现转型发展，对顺利解决"三农"问题、加快农业经济长期发展、缩小城乡差距具有重要的现实意义。

在我国农业实现快速发展、取得巨大成就的过程中，受制于自然条件、开发历史、技术水平、基础设施等，我国农业发展也面临着诸多问题，突出表现为：农业产出水平总体较低，农业生产主体尚未脱离传统的农业生产观念和生产模式，高投入、高消耗、高污染、低产出的现象依然严重；农业科技支撑力度较小，农业科技人员、资金投入、服务机制均不足，此外农民文化素质不高，导致农业科技成果的研发、转化、宣传、运用等存在困难；农业产业化水平较低，农业龙头企业规模较小、综合实力较差，与工业、服务业的融合尚处于发展阶段；农业具有弱质性特点，基础设施建设和管理落后导致农业在面临自然风险和市场风险时抵抗力不足，盲目性、短视性等问题依然存在；农业生态环境日益恶化，基础设施落后、生产生活管理不善、农用化学品过度使用等导致农村点源污染和面源污染严重，农村生态的保持和维护难度很大。在此背景下，如何妥善解决以上问题、加快农业经济实现绿色转型，成为我国应当解决的重要问题。

我国政府高度重视农业绿色发展，并制定了一系列相关政策。习近平总书记多次在不同场合提出"绿水青山就是金山银山"，党的十九大报告提出乡村振兴战略，明确要求坚持人与自然和谐共生，走乡村绿色发展之路①。2017年9月30日发布的《关于创新体制机制推进农业绿色发展的意见》也明确指出，我国要"全力构建人与自然和谐共生的农业发展新格局，推动形成绿色生产方式和生活方式"②。2019年4月2日发布的《2019年农业农村绿色发展工作要点》进一步指出，农业绿色发展的工作要点主要为推进农业绿色生产、加强农业污染防治、保护与节约利用农业资源、切实改善农村人居环境、强化统筹推进和试验示范③。在此背景下，农业绿色发展不仅是农业生产结构的调整和生产方式的改善，也是一次发展理念的绿色革命，巩固和践行了"绿水青山就是金山银山"的理念。与此同时，随着农业的进一步发展，越来越多的学者认为，农业产业集聚可以克服小农经济分散经营的缺陷，从而获得规模效应，产生规模经济和范围经济；通过整合集聚区内劳动力和基础设施等资源，可以提高集聚区内公共设施的利用率，产生"劳动力池"效应，从而降低生产主体的生产经营成本和污染治理成本；集聚区内农业生产主体之间的相互学习与相互竞争，延伸了农产品的产业链，增加了农产品的附加值，进一步扩大了农产品市场规模，增强了农业产业竞争力，可以有效解决农业发展过程中面临的诸多问题，推动农业绿色发展。

基于此，本书从农业产业集聚这一视角出发，分析农业产业集聚分别对农业绿色发展三个维度——农业产出增长、绿色生产效率提高、生态环境良好的具体影响以及这种影响效应的区域异质性，对于推动农业产业化、集聚化发展，推进农业供给侧结构性改革，加快推进农业经济绿色转型，都具有比较强的实践意义。

---

① 习近平.决胜全面建成小康社会　夺取新时代中国特色社会主义伟大胜利［N］.人民日报，2017-10-28（1）.
② 中办国办印发《关于创新体制机制推进农业绿色发展的意见》［N］.人民日报，2017-10-01（3）.
③ 佚名.2019年农业农村绿色发展工作要点［J］.农业工程技术，2019，39（11）：1-2.

1.2 研究意义

1.2.1 理论意义

本书的理论意义如下：

首先，本书在一定程度上拓展了现有与农业产业集聚和农业绿色发展相关的研究领域。一是国内外文献更多的是关注工业集聚和工业某个子行业的集聚，对农业产业集聚的关注度较低，在农业产业集聚方面依然缺乏成熟的理论。与其他产业相比，农业自身所具有的环境依赖性、弱质性等特点，使得农业产业集聚的形成机理、发展阶段、效应发挥等都有其独特之处，如果继续沿用以往分析产业集聚的经济地理学、管理学、产业经济学等产业集聚理论，则会影响研究结果的可靠性和科学性。因此本书通过分析农业产业集聚在农业绿色发展中产生的效应，在一定程度上完善了农业产业集聚理论。二是我国农业绿色发展正处于探索时期，如何合理推动农业产业集聚使其效应得到最大限度发挥，以实现农业产出增长、农产品质量提升、农村环境友好，迫切需要理论指导。因此，本书对农业产业集聚影响农业绿色发展的研究可以在一定程度上填补这一理论空白。

其次，本书从理论层面和实证层面丰富了农业绿色发展研究的方法和思路。国内学者对农业绿色发展的关注不断地推动着农业绿色发展研究的深入，但从现有相关领域的研究成果来看，现有文献多以理论分析为主，定量分析、实证研究极少。本书尝试从区域层面出发展开研究，通过对绿色发展相关理论和国家相关政策文件的系统性梳理，明确农业绿色发展的概念与内涵。在此基础上，本书从农业绿色发展的三个层面，即农业产出增长、绿色生产效率提高、生态环境良好出发，分析了我国农业绿色发展的现状和问题，并进一步分析了农业产业集聚对这三个层面的影响效应以及这种效应的区域异质性，从而在一定程度上丰富了农业绿色发展研究的分析思路和分析方法。

1.2.2　实践意义

本书的实践意义如下：

首先，有利于推动我国农业产业集聚的良性发展。随着我国对农业的重视程度日益提升以及"以城带乡""工业反哺农业"等战略的进一步落实，农业产业集聚在全国各地均有了不同程度的发展。实践证明，农业产业集聚适应了我国进入中国特色社会主义新时代以来农业发展的客观变化，使得农业发展取得了突破性成就和阶段性成果。但与此同时，农业产业集聚也出现了科技含量较低、忽视环境质量等问题。解决这些问题，不仅需要通过实践进行探索，更需要通过理论层面的抽象性、前瞻性研究为其提供理论依据和方向指导。本书通过理论分析和实证分析，对农业产业集聚影响农业绿色发展的作用和规律进行了总结，为我国农业产业的合理集聚提供借鉴，让农业产业集聚进入良性循环，增强农业发展的可持续性。

其次，有利于提高我国农业的绿色发展能力。改革开放以来，我国农业虽然取得了较大发展，但仍然面临很多不足，生态环境日益恶化、农业经济发展水平比较低、生产经营方式粗放等问题日益凸显，因此应当顺应形势，推动农业绿色发展。分析农业产业集聚对农业绿色发展的影响，可以引导农业资源的合理优化利用，发挥各个地区的资源禀赋优势与区位优势，不断优化资源配置，改进传统生产技术，在提高农业产出、加强农业面源污染防控的基础上，提高农业绿色生产效率。

最后，为政府推动农业产业集聚、农业绿色发展提供理论和政策依据，从而有效提高政策实施效果。党的十八大提出新发展理念以来，我国各级政府都意识到了农业绿色发展的重要性，也认识到农业产业集聚在提升农业生产效率、推动农业绿色发展方面的重要作用。本书重点研究了农业产业集聚对农业绿色发展产生影响的机制与渠道，进一步分析了这种影响效应在不同区域的异质性，并提出相应的政策建议，为政府制定相关政策提供了一定的理论依据。

1.3 主要内容

全文共分九章,每章的主要内容安排如下:

第一章为绪论。该章首先分析了本书的研究背景和研究意义,并阐述了本书的主要内容、研究方法、研究思路以及可能的创新点与不足。

第二章为概念界定、文献综述与理论基础。该章是本书的基础部分,首先界定了农业产业集聚和农业绿色发展的基本概念,在此基础上搜集了国内外关于农业产业集聚和农业绿色发展研究的主要成果并对其进行全面梳理、总结和评述;进一步地,总结了产业区位论、农业区位论、产业集聚最佳规模论、新经济地理学规模报酬递增理论等农业产业集聚相关理论,总结了马克思主义生态文明理论、习近平生态文明思想、可持续发展理论、循环经济理论等农业绿色发展相关理论。

第三章为农业产业集聚影响农业绿色发展的作用机制。该章从理论层面分析了农业产业集聚影响农业绿色发展的机制,为后面的实证分析奠定了理论基础。本章根据农业绿色发展的基本内涵,将其划分为农业产出增长、绿色生产效率提高、生态环境良好三个方面,分析和总结农业产业集聚的效应以及探索农业产业集聚影响这三个方面的渠道和作用路径。

第四章为我国农业产业集聚的测度与时空分异。本章首先介绍了现有的衡量农业产业集聚的方法和指标;其次,运用区位熵指标测算了我国 30 个省份的农业产业集聚度,从横向和纵向两个角度出发对农业产业集聚度进行区域比较分析。

第五章为农业产业集聚对农业产出增长的影响。本章首先基于经典的 Cobb-Douglas 生产函数构建了可以刻画农业生产的 Cobb-Douglas 生产函数,并将农业产业集聚纳入该分析框架中。在此基础上,本书采用农业产出强度和人均农业产出两个指标来衡量农业产出增长,构建动态面板模型和静态模型,分别采用系统 GMM、面板 OLS、FGLS 估计法,实证分析农业产业集聚对农业产出增长的非线性作用以及这种作用的区域异质性，并采用弱内生性子样本检验和半参数回归对研究结果进行稳健性检验。

第六章为农业产业集聚对农业绿色生产效率的影响。本章首先选择相应的投入指标、合意产出指标以及非合意产出指标，运用 Maxdea7.0 软件、采用 SBM-undesirable 模型测算了我国 30 个省份的农业绿色生产效率并对其进行分析，在此基础上以环境规制为门限变量，运用面板门限回归估计、OLS 估计以及 FGLS 估计，从全国层面和区域层面出发，对农业产业集聚影响农业绿色生产效率的效应进行实证分析，并用变换门限变量后的面板门限回归和半参数回归对研究结果进行稳健性检验。

第七章为农业产业集聚对农业面源污染的影响。本章首先基于现有研究成果，对我国 30 个省份的农业面源污染排放量进行测算和分析。在此基础上，本书构建了地理距离矩阵和经济地理嵌套矩阵，采用空间自回归模型和空间滞后模型对全国层面和区域层面农业产业集聚对农业面源污染的影响进行实证检验，并采用变换被解释变量和变换空间矩阵的方式对研究结果进行稳健性检验。

第八章为主要结论与政策建议。本章基于前文理论分析和实证分析的结果，对我国合理推进农业产业集聚、实现农业绿色发展提出相关政策建议。

第九章为研究展望。本章在总结全书研究结论和观点的基础上，阐述了未来相关领域的研究前景以及理论分析和实证分析可能的突破之处。

1.4　研究方法

为确保本书机制构建的合理性和结论的可靠性，本书综合运用了多种研究方法。具体如下：

1. 规范分析方法

规范分析方法是指基于现有理论进行分析，从而得到一定的价值判断标准，并以这些标准作为解决问题、拟定政策的依据，在此基础上进一步分析如何达到这些标准的方法。本书根据产业集聚相关理论和绿色发展相关理论，对农业产业集聚对农业绿色发展产生影响的内在作用机制和理论模型等方面进行了规范性分析。

2. 实证分析方法

与规范分析方法相比，实证分析方法只是对研究对象进行客观描述，并不进行价值判断。本书对实证分析方法的运用主要体现在以下方面：运用区位熵指标从时空分异层面对我国 30 个省份 1990—2016 年的农业产业集聚状况进行分析；利用现有的统计数据，运用面板 OLS 估计、FGLS 估计、系统 GMM 估计、面板门限估计以及空间计量等多种方法，对农业产业集聚影响农业绿色发展的效应进行分析。

1.5　研究思路与技术路线

1.5.1　研究思路

本书的研究思路如下：首先，明确理论框架，在对国内外相关文献和相关理论进行全面梳理和评述的基础上，从理论层面分析得出农业产业集聚影响农业绿色发展的作用机制和影响效应。其次，提出问题：我国农业产业集聚和农业绿色发展究竟处于何种状态？农业产业集聚对农业绿色发展不同层面的影响如何？该如何解决这一过程中的问题？这三个问题正是本书拟解决的问题。再次，分析问题，从农业绿色发展的三个层面出发，实证分析农业产业集聚对其的影响及作用大小。最后，提出政策建议，根据前文理论分析和实证分析中发现的问题，针对我国农业产业集聚和农业绿色发展提出相应的政策建议。

1.5.2　技术路线

本书的技术路线如图 1-1 所示。

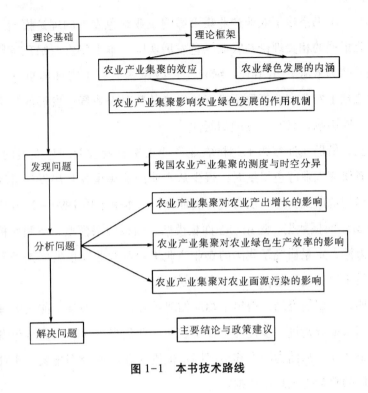

图 1-1 本书技术路线

1.6 创新与不足

1.6.1 主要创新

本书的创新点主要体现在以下方面：

第一，本书从农业产业集聚这一视角出发，研究其对农业绿色发展的影响与效应。关于产业集聚问题的现有研究主要集中于工业、制造业等，对农业产业集聚的研究较少，其本身所具有的优势与效应值得研究。而针对农业绿色发展这一热点问题，学术界目前主要从重要意义、基本内涵、政策建议等角度展开研究，缺乏从农业产业集聚视角的分析。因此，针对农业绿色发展这一热点问题，本书从农业产业集聚视角出发进行研究，在一定程度上拓展了现有的研究领域。

第二，本书搭建了农业产业集聚影响农业绿色发展的理论模型。结合农业产业集聚的相关理论和农业绿色发展实际，本书将农业绿色发展的核心内涵总结为农业产出增长、绿色生产效率提升、生态环境良好三个层面，并梳理了农业产业集聚所具有的优势及其对农业绿色发展的三个方面产生的不同影响，具有一定的创新性。

第三，借助实证方法来分析农业产业集聚影响农业绿色发展的影响。国内学者研究农业绿色发展时，很少从农业产业集聚视角出发，且现有文献大多以规范研究为主，没有进行实证分析。本书采用1990—2016年我国30个省份的面板数据，运用动态面板模型、面板门限模型、空间面板模型等计量方法，定量研究了我国的农业产业集聚对农业绿色发展是否发挥了理论分析中应有的效应，具有一定的创新性。

第四，根据研究结论得出了相应的对策建议。本书基于前文的理论分析结果和实证分析进一步提出了推动农业产业集聚、促进农业绿色发展的相应政策建议，从而为国家和地区制定促进农业产业合理集聚、实现农业绿色发展的政策提供理论依据。

1.6.2 不足之处

受笔者理论水平和计量水平的限制，本书尚存在一些不足。合理推进农业产业集聚、实现农业绿色转型发展的相关问题也值得深入研究。

第一，本书对农业产业集聚和农业绿色发展之间关系的研究值得进一步加深。本书选取的时间为1990—2016年共27年，受制于数据的实用性和可获得性，本书仅从省级层面出发，研究了农林牧渔"大农业"的产业集聚对农业绿色发展的作用机制与区域异质性。但一方面，即使是在同一个省份，各个地区的农业发展所处阶段、产业集聚等差异明显；另一方面，农业包含诸多子行业，如种植业、林业、牧业、渔业，甚至可以进一步细分到生态农业、绿色农业，这些行业的生产活动、发展特征、集聚特点均存在着较大差异，可能导致其对农业绿色发展的作用存在差异。限于数据的可获得性，本书没有从市级层面出发分析农业各个子类别的产业集聚对农业绿色发展的影响，可能影响了政策建议的有效性。

第二，本书对我国合理推动农业产业集聚、实现农业绿色转型发展的对策建议需要进一步完善。我国四大区域之间、各省份之间的经济发展状况、科技创新实力、基础设施水平、自然生态环境差异较大，因此其农业产业集聚水平和农业绿色发展水平也差异明显。因此，在制定推动我国农业产业合理集聚、顺利实现农业绿色发展的政策时，应当实事求是、因地制宜。而本书提出的相关实现路径和对策建议只是概念化、宏观性的框架，缺乏针对性，在更加深入的研究中需要针对不同区域、不同省份的情况进行具体研究，从而设计出符合本地特色、更加具有可行性的路径与政策。

2 概念界定、文献综述与理论基础

2.1 概念界定

2.1.1 农业产业集聚

现有的关于农业产业集聚的研究成果相对较少。学者出于不同的研究目的和不同的研究视角，对农业产业集聚的定义也多种多样。主要的定义见表2-1。

表2-1 现有文献对农业产业集聚的定义

学者	定义
宋玉兰和陈彤（2005）	在接近农产品生产基地的一定范围内，大量的农业生产企业和相关的农业发展支撑机构集中在一起，最终成了一个有机的整体
王建国（2005）	农业龙头企业、乡镇企业、相关的组织和机构所构成的、聚集在农村城镇或周边地区的产业集群
尹成杰（2006）	相互独立、相互联系的农户与农业龙头企业在地域和空间上高度集聚
王昀（2006）	在特定区域内，生产某一特定农产品的数量较大的农户与企业，以及相关的市场组织、服务组织、支撑机构等高度聚集在一起
李志春（2006）	以传统农业为中心，大量农业生产企业和相关机构在一定地理范围内柔性集聚，形成密集合作网

表2-1(续)

学者	定义
朱玉林和康文星（2006）	农业龙头企业、乡镇企业、相关组织机构因经济联系而逐步集聚在特定的农村区域，形成产业群落
韦光（2006）	基于当地特色和特定农业生产活动，联系密切的农业生产企业及相关支撑机构在特定地理空间上集聚，最终形成优势竞争力
张宏升（2007）	农产品生产基地与农业关联产业在特定区域集中并成为有机整体
赵霞和吴方卫（2011）	农产品供应链的某几个环节或者整条、多条农产品供应链在特定地理区域里集中的综合体
李春海等（2011）	农业产业集群作为新型农业生产方式的一种，是原有农业发展模式的升级
滕祖华和王慧（2012）	在特定空间上集聚形成的，包含农业经营主体、相关中介机构、农产品市场的有机整体
Kiminami and Kiminami（2016）	农场以及结成联盟的农业企业、个人、组织、机构因同一目标而共同工作、共享利益

由表2-1可知，学者对农业产业集聚给出了不同的定义，对农业产业集聚的概念界定尚未形成统一认识。参考以上文献并结合研究内容，笔者认为，农业产业集聚是指，直接从事农业生产的农户、从事农产品加工的企业以及为前者提供配套服务等相关支撑的机构，因共性或者互补性在特定区域内聚集，因关联与合作而形成有机整体的现象与过程。考虑到农业产业集聚概念的抽象性，不管农业产业集聚本身的表现形态与内部结构如何，只要是农业在特定区域集聚发展，都属于本书的研究范畴。

进一步地，现有文献中有部分概念与农业产业集聚表面上相关但内涵不同，容易引起混淆，因此本书在此对其进行辨析，以进一步明晰农业产业集聚的内涵：

（1）农业产业化发展与农业产业集聚。前者更加注重农业产业在垂直方向上的一体化发展，表现为农业生产加工企业在产业链条上游和下游的扩展，形成带状经济，具有一定的跨区域性；相比之下，农业产业集聚的主体包含了农户、企业和相关支撑机构，主体之间相互交流、联系紧密，而且更加注重在特定地理空间上的集中，涉及的范围更广，具有明显的区域性特点。

（2）农业产业园区与农业产业集聚。农业产业园区其实质为属于相同类型产业的企业在特定区域的集中，基于特定农产品发挥专业化、规模化的优势，从而提升当地农业产业的核心竞争力。但农业产业园区往往由政府兴建，与本地农户的联系并不紧密，缺乏根植性；相比之下，在农业产业集聚的过程中，农户是重要的参与主体之一，地方根植性更加明显。

（3）农村产业集聚与农业产业集聚。农村产业集聚是相对于城市产业集聚而言的，通常意义上指的是分布在镇以下的产业集群。由此可以发现，农村产业集聚与农业产业集聚主要存在以下不同：在地理范围上，农村产业集聚的地理范围为严格的二元经济体制下的农村地区，而农业产业集聚则没有严格的地理区域界线；在产业范围上，农村产业集聚包括的产业并不限于农业，范围很广，而农业产业集聚则以农业生产为核心，包括了农产品的生产和加工以及相关配套服务，三大产业形成了良好的有机整体；在发展目的上，农村产业集聚作为城市产业集聚的重要补充，其主要目的是增加地区生产总值、推动地区经济发展、提高区域竞争力，而农业产业集聚的目的则是增加农业产出、提高农业生产效率、发挥农业效益等。

2.1.2 农业绿色发展

在农业绿色发展的概念方面，当前国内对农业绿色发展的内涵进行明确界定的文献还较少，许多学者尝试从不同角度对其进行了解读，见表2－2。

表2-2 现有文献对农业绿色发展的定义

学者	定义
郭迷（2011）	农业绿色发展是农业发展的一种模式，是科学发展观在农业领域的具体表现
尹成杰（2016）	农业绿色发展作为农业发展的一种新格局，具有效率提升、生态稳定、质量安全等主要特点

表2-2(续)

学者	定义
中共中央办公厅 国务院办公厅（2017）	以"绿水青山就是金山银山"理念为指引，以资源环境承载力为基准，以推进农业供给侧结构性改革为主线，尊重农业发展规律，强化改革创新、激励约束和政府监管，转变农业发展方式，优化空间布局，节约利用资源，保护产地环境，提升生态服务功能，全力构建人与自然和谐共生的农业发展新格局①
王雯慧（2017）	农业绿色发展指的是以下几个方面：生产更加节约高效、环境更加优良、生态更加稳定、绿色产品供给增长
魏琦等（2018）	农业绿色发展的核心部分是在农业的生产活动中对经济效益、社会效益、环境效益等多方内容进行统筹
于法稳（2018）	农业绿色发展的核心及关键是对水土资源的保护
韩长赋（2018）	农业绿色发展主要表现为更加注重资源节约、更加注重环境友好、更加注重生态保育、更加注重产品质量等方面
孙炜琳等（2019）	农业绿色发展作为一种绿色发展理念，特别强调农业经济、社会发展与生态环境的协调发展

上述研究从不同视角阐述了农业绿色发展的基本内涵。本书认为，农业绿色发展至少包括以下三个内涵：第一，从本质来看，农业绿色发展是一种农业发展的理念和方向，是习近平生态文明思想在农业生产领域的重要表现，是加快农业绿色转型、实现可持续发展的重要渠道；第二，农业绿色发展不仅包括农业产业的绿色发展，还包括农民生活、农村生态、农业资源的绿色发展，各个要素相互联系、相互作用，形成一个良性互动的共同体；第三，农业绿色发展的核心目标在于有效统筹经济、社会、生态三个层面，最终实现三者的协调、可持续发展，三者同步进行、不可或缺。因此，本书对农业绿色发展定义如下：农业绿色发展作为一种发展理念，指的是以绿色发展为导向的农业产业通过体制改革和技术创新等渠

---

① 中办国办印发《关于创新体制机制推进农业绿色发展的意见》[N].人民日报，2017-10-01（3）.

道，最终打造新的农业发展格局，符合农业资源环境的现实条件，推进农业生产经营、农民生活、农村生态协调发展，从而最终实现农业产出增长、绿色生产效率提高和生态环境良好等多重目的。

类似地，现有文献中有部分概念和农业绿色发展相近，容易引起混淆，因此本书将对其进行辨析，以进一步明晰农业绿色发展的内涵：

（1）农业可持续发展与农业绿色发展。农业可持续发展（sustainable development）是指农业生产不仅要满足当代人的生活需求，也要满足后代人的生活需求。因此可以看出，前者更加注重结果；后者更加注重农业产业所有环节的绿色化，强调农业生产理念的改变，实现农业生产与生态环境的协调。

（2）生态农业、绿色农业、有机农业与农业绿色发展。生态农业是指基于生态学和经济学知识、运用现代科技和管理手段、可以获得良好的经济社会生态效益的现代化农业发展类型；绿色农业是指可以加强农业生态环境保护的农业发展类型；有机农业是指在生产过程中主要采用有机肥和有机饲料来满足农作物和禽畜营养需求的种植业和养殖业。由此可以看出，这三种农业都是具有注重生态效益特点的农业发展具体模式。相比之下，农业绿色发展并不是农业生产的某个具体模式，而是推进农业发展的思路与指导思想。生态农业、绿色农业、有机农业均为在实际农业生产中践行农业绿色发展思想的模式。

2.2 文献综述

2.2.1 农业产业集聚的研究现状

现有文献主要集中于工业集聚或城市产业集聚领域，但随着农业产业化进程进一步加快，产业集聚发展逐步成为世界范围内农业发展的一种重要的产业组织形式与发展趋势，农业产业集聚这一现象也逐渐引起关注。国内外学者从不同角度出发，对农业产业集聚进行了一系列研究。

2.2.1.1 国外研究

1. 农业产业集聚的定义与类型

国外研究成果中对农业产业集聚的描述主要采用集中（centralization）、集聚（agglomeration）与集群（cluster）三个专业术语，均用来表示经济活动在特定区域集中这一现象。但这三个术语的起源与侧重点存在较大差异。"集中"概念最早产生于地理学领域，因此属于地理学范畴；"集聚"概念由 Marshall（1920）首先提出，他在《经济学原理》一书中，从定义外部经济的概念入手对工业在特定地方集聚的内涵进行了阐述，认为"集聚"不仅可以反映企业和产业集聚的地理特征，也可以反映该地区的产业结构特点，因此属于经济学领域；"集群"概念则最早由亚当·斯密（1776）提出，之后由 Porter（1998）进一步丰富，将"集群"概念放置于管理学的竞争优势理论内，认为产业集群是特定生产领域内相关企业、机构等在特定空间上的集中，属于管理学领域。

此外，更加普遍的做法是将农业、农产品加工业以及相关机构纳入分析框架中，比如美国政府将其统一纳入食物纤维体系之中，日本政府则统称为农业—食物关联产业。经济合作与发展组织（OECD）在 1993 年对农业产业集聚的概念进行了界定，将其定义为"围绕农业生产基地，大量农业生产和农产品加工企业紧密联系在一起形成的有机整体"，这一概念也成为国外研究农业产业集聚定义的主流观点。

2. 农业产业集聚的测算方法

目前国外学术界并没有专门测算农业产业集聚度的方法。绝大多数文献均参照工业产业集聚或者制造业产业集聚的测算方法测算农业生产集聚。如 Winsberg（1980）利用 1939—1978 年美国 19 种农产品的销售数据，采用区位熵、相异指数分别对各类农产品的集聚水平进行衡量和比较。Krugman（1991）率先采用空间基尼系数测算了美国制造业的集聚程度，随后这一指标被广泛运用。Ellison 和 Glaeser（1997）考虑地区发展不平衡和企业规模差异带来的影响，构建了地理集中指数并对美国相关产业的集聚程度进行了测度。Amiti（1998）运用基尼系数测算了欧盟数十个国家

1968—1990 年的产业集聚程度。Mizobe 和 Kuchiki（2011）运用流程图模型对莫桑比克纳卡拉走廊地区的农产品加工业集群进行了研究。

3. 农业产业集聚的形成机制

在农业产业集聚的形成机制方面，杜能（1826）认为离城市中心的距离是形成农业经营集约化水平依次递减的主要原因。Marshall（1890）认为分工可以带来外部规模经济，规模报酬递增促进了外部经济增长，从而吸引了产业集聚。Krugman（1991）认为在收益递增和运输成本节约的作用下，产业集聚应运而生，产业集聚一旦形成，就会不断地自我发展下去。此外，Henry 和 Drabenstott（1996）、Gale 和 Mcgranahan（2001）、Zadorozhna（2014）均指出政府的政策导向在农业产业集聚形成中起了重要作用。Maryann 等（2005）对城市地区和农村地区的产业集聚特点进行了对比分析，发现城市地区的产业主要为休闲旅游产业，而农村地区的产业刚好相反，吸引了较多的消费品产业集聚发展。Gabe（2005）发现资本要素向农村地区流动时，更加偏向于流入有农业产业集聚的地区，说明农业产业集聚可以为农村地区吸引更多的资本要素，从而形成良性循环。

4. 农业产业集聚的影响

国外针对农业产业集聚影响的研究较多，主要集中于其对经济、就业与工资、竞争力和微观个体等方面的影响。

农业产业集聚对经济的影响。Krugman（1991）构建了农业产业的投入、产出与就业的理论模型，并进一步分析了农业产业集聚影响经济的直接效应、间接效应以及诱致影响。Barkley 等（1997）分析了农业产业集群在农村发展的利弊，并指出农业产业集群的优势包括更强的外部经济、更有利的产业重组环境、企业之间更大的网络以及更有效地利用公共资源，可以有效解决农村地区市场规模小和生产经营分散的问题。Weijland（1999）研究了印度尼西亚的农村发展和贫困等问题，发现农业产业集聚通过孵化微型企业、降低交易成本等方式推进了当地的市场繁荣。Gruber 和 Soci（2010）全面梳理现有的理论分析和实证分析相关文献并进行总结，在此基础上利用 NGE 模型对农业经济的发展机制和影响因素进行了分

析，并指出农业产业集聚对农业经济的长期发展意义重大。Kusuma
（2011）对印度尼西亚的农村非农经济进行了研究，发现木薯产业集群对
当地农村经济发展具有明显的正向影响。Sudha 等（2011）以印度南部 To-
tapuri 芒果带为例，发现农业产业集群可以促进农产品升值，进而推动农
业经济发展。但 Scorsone（2002）也指出农业产业集聚对农村经济的作用
因农村社区及其经济状况的不同而不同，Barkley 等（2010）从集群的生命
周期角度进行分析，发现只有当产业集群处于成长阶段时，才能推动农业
产出增长。

农业产业集聚对就业与工资的影响。Henry 和 Mark（1996）采用新的
微观区域方法来衡量和解释农村经济绩效，并指出有产业集聚的农村，可
以比邻近的大都市地区以更快的速度增加就业。Gibbs 和 Bernat（1997）、
Wheaton 和 Lewis（2002）均指出，集聚地区的金融条件、生产条件等均好
于非集聚地区，农业产业集聚可以显著提高职工工资，集群内企业员工的
收入要比非集群企业员工的收入高 13% 以上。

农业产业集聚对竞争力的影响。Gale 和 Mcgranahan（2001）认为农业
产业集聚可以吸引资本流入，最终提升本地农业产业集群的区域竞争力。
Zeca（2012）认为生态农业集群可以在食品生产、技术和营销领域提升本
土企业的竞争力，并使行业参与者之间形成网络化联系。Marton（2015）
分析了全球化背景下中国农业经济在参与国际竞争中农业产业集聚的作
用，并进一步发现农业产业集聚可以帮助农村经济更好地应对全球化带来
的风险。Greici Sarturi（2016）分析了智利和巴西两个国家的葡萄酒集聚
区葡萄酒产业的竞争力问题，结果表明，与巴西相比，智利的葡萄酒产业
集聚使得本国该产业的竞争力获得大幅度提升。

农业产业集聚对微观个体的影响。Gabe 和 Todd（2005）认为农业产
业集聚可以对微观主体的投资行为产生激励作用。Kathryn 等（2007）认
为农业产业集聚可以通过提升农业产业专业化分工水平来提高农业劳动者
的生产效率。

2.2.1.2 国内研究

1. 我国农业产业集聚的现状

在全国层面农业产业集聚的现状方面，李二玲等（2012）测算了1981—2008年12类农作物的种植重心、基尼系数、空间相关性以及专业化指数，发现我国农业地理集聚格局已经实现了由自然集聚转变为社会集聚，构成了完善的农业生产体系。肖卫东（2012）选取29个省份种植业总播种面积及6种主要农作物播种面积数据，全面分析了1980—2010年我国种植业地理集聚的特征和变化趋势，发现我国种植业的主要集聚于中部地区，大部分地区的种植业都表现出明显的中度集聚特征。贾兴梅和李平（2014）利用空间基尼系数和区位熵等指标分析了我国农业产业集聚度的时空变动态势，发现1985—2011年我国农业空间基尼系数、区位熵两个指标均持续增长，以市场为生产导向的主要农作物的专业化程度得到了有效提升。

在区域层面农业产业集聚的现状方面，郑风田和程郁（2005）以斗南花卉产业群为研究对象，发现该产业集群内合作较为普遍，但其合作行为具有多层次性，农户与企业之间、不同规模企业之间的合作存在很大差异，农户间的后向合作对经济绩效有明显带动作用。许烜和刘纯阳（2013）指出湖南农业生产已经形成与其他各领域多产业结合互补的发展新局面，其中棉花的产业集群集聚效应较为明显，体现出较高的市场集中度。赵辉和方天堃（2014）对吉林省农业优势产业及集群程度进行了测算和分析，结果表明吉林省林业、渔业和牧业等产业集聚程度较高；专业性较强和资源禀赋较高的农作物的集聚程度也相对较高。刘湘辉和孙艳华（2015）发现湖南农业产业集聚已经基本形成，在全国具有一定优势，尤其是邵阳市、永州市、益阳市三市农业产业集聚优势明显。黄明元和吴艾（2016）运用区位熵指数法对长沙和株洲休闲农业产业集群的集聚度进行测算和比较分析，发现长沙和株洲休闲农业产业集群的集聚度差异显著，在休闲农业企业数量、游客数量和旅游带动的经济增速方面，长沙要明显高于湖南省平均水平，而株洲则低于全省平均水平。

2. 我国农业产业集聚的问题

孙慧（2007）重点研究了新疆的特色农业产业集聚问题，发现新疆地区的农业产业集聚具有鲜明的资源依赖性和区位依赖性特征，但同时也面临着规模较小、竞争力较弱、组织化程度较低等问题。黄海平和黄宝连（2011）发现我国很多农业优势产业集群已经达到了集聚的中期和后期阶段，在该阶段急需解决的问题包括扶持政策不足、科研实力较弱、竞争力有待提高等。王阳和杨凤海（2013）分析了黑龙江省的农业产业集聚情况，发现导致黑龙江农业产业集聚度不高的原因主要有区位优势不明显、产业服务体系不完善、政府缺乏正确引导、企业发展水平低、产业链中上下游企业联系不紧密、产业集群内企业过度竞争、市场营销模式落后等问题。任青丝（2014）发现河南农业产业有空间集聚现象但相对专业化水平不高，河南产业集群存在基础设施有待加强、农业生产投入不足、农业生产标准化程度低、产业链条短、龙头企业带动不强等问题。张晓丹（2017）认为我国农业产业集聚发展进程中主要面临资金严重短缺和平均利润率较低的问题，而这两个问题是制约着农业产业集聚更快更好发展的核心障碍。

3. 农业产业集聚的重要意义与作用

在发展农业产业集聚的重要性方面，肖超苏和易炼红（2005）指出，小农经济从根本上制约了中国农业经济的发展，因此应当采用集聚式发展方式。王栋（2007）将我国农业产业的专业化历程与国际发展趋势进行对比，发现我国农业产业化进程面临的主要问题是小农经济本身的缺陷导致市场需求得不到有效满足，应当加快农业产业集聚。

在农业产业集聚可能具有的作用方面，孙中叶（2005）认为农业的集群发展可以在短期内快速提高农业产业的整体竞争力、形成产业的自我强化机制，从而实现农业经济的快速发展。宋瑜（2009）则以浙江小城镇农业龙头企业为研究对象，发现农业龙头企业的集聚可以有效解决农民就业和农民收入稳定增长两大难题，从而成为加快农民进城、推进新型城镇化进程的重要力量。

4. 农业产业集聚的发展模式

向会娟等（2005）认为我国现有的农业产业集聚主要有农业高科技园型、中心企业型、市场型三种。尹成杰（2006）则根据农业产业的具体内容，将农业产业集群划分为种植、禽畜养殖、农产品加工、运输流通、农业技术研发五种形式。邹蓉和胡登峰（2008）进一步将我国农业产业集群的基本模式总结为专业化小城镇、科技示范集群、贸易和生产集群、关联产业集群和农业企业集群。

5. 农业产业集聚的影响因素

在农业产业集聚的影响因素方面，国内学者主要从生产要素、技术进步、资源禀赋等方面展开研究。

生产要素方面，梁琦（2004）明确指出，生产要素的流动是产业集聚产生的重要推动力，历史事件和偶然事件会对产业区位产生显著的影响，而企业本身的循环累积过程将某个产业锁定于某个特定地区，这种锁定作用是长期的。周新德（2009）重点研究了农业产业集聚的生命周期问题，认为在农业产业集聚的各个生命周期中，生产要素的流入效应、流出效应和乘数效应对其影响十分显著。

技术进步方面，张宏升（2007）认为，影响农业产业集聚的因素并不是单一的，而是多元化的，其中最主要的影响因素是资源禀赋、生产经营主体、国内外市场和科技进步等。宋燕平等（2009）以安徽砀山酥梨产业为研究对象，运用实证分析法对技术进步与农业产业集聚之间的关系进行了实证检验，总结并得出技术进步可显著促进农业产业集聚的研究结论。

资源禀赋方面，宋燕平和王艳荣（2009）认为在不同的发展阶段，农业产业集聚所依赖的要素差异极大，在初始阶段更多依赖自然禀赋，在中级阶段主要依赖区域专业化的生产格局，在高级阶段主要依赖集聚区内良好的生产氛围。王艳荣和刘业政（2011）则更加强调资源禀赋在农业产业集聚中的推动作用，认为资源禀赋不仅可以保证良好的产业环境和外部环境，也可以协调和促进产业内部的竞争、合作与交流，从而有利于农业产业集聚的不断发展。肖卫东（2012）指出，随着种植业地理集聚的进一步发展，相应地其影响因素也不断发生变化，主要包括自然资源、技术外部性、金融外部性、农产品运输成本和农业对外开放等因素。王伟新等（2013）研究分析了1978—2011年中国水果产业地理集聚的时空特征及其影响因素，结果表明，与其他农业子行业相比，自然禀赋条件、劳动力成本、交通运输成本对水果产业地理集聚的影响更大。杜建军等（2017）进一步指出，资源禀赋和交通设施分别是推动我国农业产业集聚发展的基础性因素与外部性因素。

此外，郑风田和顾莉萍（2006）则认为在加快农业产业集群的进程中，政府可以发挥创立品牌、提供服务、质量升级等作用，政府的作用比市场更加重要。张一洲等（2015）指出农业产业园区的发展需要大量专业人才的支撑，人才资源是支撑农业园区发展的内生动力。

6. 农业产业集聚的影响

在农业产业集聚的影响方面，现有研究主要围绕农业产业集聚对经济、产业竞争力、外来投资、农民收入、污染排放的影响展开。

农业产业集聚对经济的影响。杨丽和王鹏生（2005）分析认为，农业产业集聚会通过降低农业生产经营成本、打造地区品牌和农产品品牌、提高资源使用率、促进农业科技研发多种渠道来产生规模经济，进而推动小农经济与规模经济有效结合。周敏李等（2010）以江苏省为研究对象，从农村地区产业集聚的视角出发，实证分析了不同产业集群对本地农村经济发展的影响效应。吕超等（2011）以蔬菜主产区为研究对象，实证检验了蔬菜产业集聚影响蔬菜产业经济增长的作用与效应，实证结果表明蔬菜产业集聚会显著地推动该产业的经济增长。

农业产业集聚对产业竞争力的影响。蔡宁（2002）分析认为，产业集聚本身是一种典型的中间组织模式，会形成新的竞争性组织，其竞争力主要来源于因集聚行为带来的资源重新整合。苏航（2010）从理论层面构建了产业集聚影响区域农业发展的理论框架，并进一步指出农业产业集聚会显著提升农业产业的市场竞争力，扩大市场份额，实现可持续发展，提高抗风险能力。

农业产业集聚对外来投资的影响。李宁顺（2012）重点研究了外商直接投资与农业产业集聚之间的关系，并指出目前农业外商直接投资主要存在地区分布不平衡、主要来源地比较单一、规模偏小、行业分布不均衡等问题，不利于农业产业集聚。吴凤娇（2014）通过实证分析发现台商对大陆农业的直接投资存在显著的空间集聚性，且由于农业产业集聚产生的外部性利益，现有台商农业投资对新进的台商投资具有重要的诱发作用，从而形成良性循环。

农业产业集聚对农民收入的影响。王艳荣等（2011）、杨丽君（2013）、江激宇等（2018）分别研究了安徽砀山酥梨农业产业集聚区、河南新郑大枣产业集聚区和安徽省农业产业集聚区的现状与问题，发现农业产业集聚对当地农村居民收入的影响微乎其微。

农业产业集聚对污染排放的影响。胡中应和胡浩（2016）认为农业产业集聚会通过集聚的内部规模经济和外部规模经济影响农业污染的排放量，并进一步发现碳排放总量随着农业产业集聚度的提高呈现出先增后减的倒"U"形特征，碳排放强度则出现先增后减再增的正"N"形特征。黄佳琦和刘舜佳（2017）采用基尼系数、区位熵测算了农业产业集聚的水平，并进一步实证分析了农业产业集聚对农村环境的影响，发现我国农业产业集聚程度与环境污染之间的关系呈倒"U"形。

2.2.2 农业绿色发展的研究现状

2.2.2.1 国外研究

就现有文献而言，国外学术界并没有"农业绿色发展"这一明确的提法，而多从"农业生态""农业可持续发展""绿色农业"等角度展开研究，主要包括以下方面：

1. 农业绿色发展的内涵

"生态农业"一词最初由美国土壤学家 W. Albreche 在 1970 年提出。他对生态农业的定义如下：在人工管理尽可能减少的前提下，继续推动农业生产，尽量减少甚至不用农用化学品，从而提升土壤质量、保持生态环境良好，最终实现可持续发展①。在此之后，国外学者开始了对农业走生态化道路的深入研究。Schaller（1993）讨论了农业可持续发展的盈利能力，并强调资源保护、环境保护、农业与自然的合作是农业可持续发展的要求，且可持续农业和其他食物系统之间的矛盾、农村社区和整个社会可持续性发展之间的矛盾没有得到解决。Hansen（1996）探讨了使用可持续性作为指导农业变化的标准概念和方法障碍，并提出了农业可持续发展的特征，即文字化、系统化、定量化、预测性、随机性和诊断性。

2. 农业绿色发展的作用

Welch 和 Graham（1999）分析了微量营养不良（"隐性饥饿"）这一问题产生的不良后果，认为促进农业的可持续发展，关系到农业生产发展、人类健康水平提升、人类生活和福利增长等问题。Hobbs 等（2008）以南亚印度中南平原和墨西哥西北部的灌溉玉米系统为研究对象，发现这两种环境中采用的保护性农业可以促进农业实现持续有效发展，满足日益增长的人口需求。Scherer 等（2018）认为农业产业集聚和农业绿色发展是解决粮食安全和应对全球环境变化的重要举措，而本地的农业生产环境条件决定了农业实现可持续发展的需求和潜力。

3. 农业绿色发展的现状

Ramakrishnan（1992）对印度东北部丘陵区的农村生态系统进行了详细动态的生态学研究，并针对该地区的土地利用和土地管理制度提出相应建议。Buttel（1993）指出农业可持续发展面临财政脆弱性和政治脆弱性，而农业技术的提升可以有效解决这些脆弱性。Hartridge 和 Pearce（2001）对英国 1998 年的农业发展问题进行了分析，发现由于补贴的存在，英国的农业发展存在对环境的不利影响。Heitschmidt 等（2004）从生态、经济和社会三个层面出发，重点研究了北美洲的草地农业的可持续性问题，发现发达国家的草地农业的长期可持续性发展主要依赖于农业技术。Bradley 等（2009）认为农业绿色革命并没有普及非洲地区，科技对农业可持续发展的作用明显，应继续加强科技创新。

---

① 黎霆. 生态农业的困局与出路 [J]. 中国经济报告, 2012 (4)：73-75.

4. 推进农业绿色发展的政策

Jules 等（2011）对 20 个国家的 40 个农业生产项目和方案进行了分析，发现这些项目取得成功的共同经验是采取了加大农业科技投入、加强农业基础设施建设、提高农民综合素质、强化产业间合作、加大金融扶持、增强政策支持等措施。Baig 等（2013）对巴基斯坦旱作农业的发展问题进行了研究，并在节约土地和水资源的基础上提出了实现最佳和可持续产量的政策建议。Kaur（2013）指出，为应对气候变化，印度政府应通过改变作物模式、加强风险管理、改进土地管理、开发节约资源的技术、信贷保险支持等渠道来推动农业可持续发展。Tilman 等（2015）指出农业可持续发展在未来 50 年内面临巨大压力，因此应当制定相应的激励政策以确保农业和生态系统服务的可持续性。

2.2.2.2　国内研究

国内关于农业绿色发展的研究主要从意义、影响因素、现状及问题、评价、政策建议等方面展开。

1. 农业绿色发展的意义

翁伯琦和张伟利（2013）认为，农业绿色发展有利于落实新发展理念，加快农村生态文明建设，实现农村产业融合发展。潘丹（2014）指出，我国农业生产过程中普遍存在着高资源消耗、高环境污染和高效率损失的现象，因此转变农业生产方式、推进农业绿色发展刻不容缓。于法稳（2016）认为，中国特色社会主义进入新时代以来，推进农业绿色发展是全面落实绿色发展理念、提升农产品质量、切实保障"舌尖上的安全"的必然选择。宋洪远（2016）、张红宇（2017）、陈锡文（2017）等学者均认为推动农业绿色发展是农业供给侧结构性改革的重要组成部分，是未来我国农业政策转变和改善的重要方向，也是一场农业生产从注重数量到注重质量的深刻变革。此外，于法稳（2016）进一步认为农业的绿色转型发展既有利于保护水土资源、保障农产品质量安全、提高农产品国际竞争力，也有利于保障人民群众的健康，从而有助于加快农村生态文明建设。李国祥（2017）也指出，实现农业绿色发展，是在新时代背景下满足人民群众日益增长的美好生活需求的必然之路。

2. 农业绿色发展的影响因素

屈志光等（2013）指出政府在农业绿色发展中居于主导地位，绿色农业因其等级认证的规范性有可能成为我国农业绿色发展的主要方向。邓旭霞和刘纯阳（2014）认为循环农业是农业绿色发展的重要组成部分，而循环农业技术的进步对循环农业的发展发挥着至为关键的作用。张敏和杜天宝（2016）认为生态农业是农业绿色发展的重要组成部分，应加强对生态农业的推动力度。杨灿和朱玉林（2016）分析了供给侧结构性改革背景下湖南农业绿色发展面临的机遇与挑战，认为农业资源状况、农业发展方式、科技应用能力、财政支农政策等都是影响湖南农业绿色发展的主要因素。邬晓霞和张双悦（2017）着重强调了制定和实施农业绿色转型发展生态补偿政策的必要性，并从多个层面提出了丰富和完善生态补偿政策的相关建议。

3. 我国农业绿色发展的现状及问题

在农业绿色发展的现状方面，严立冬（2011）从委托代理理论出发，认为在推动农业实现绿色发展的过程中也存在委托代理关系，即政府将农业绿色发展的任务委托给农民。汪成和高红贵（2017）选取相关指标并采用熵权法对湖北省2005—2014年的农业生态安全状况进行了评估，发现湖北省农业生态安全具有得分偏低但整体上升的趋势。邓心安和刘江（2016）以德青源生态农场为研究案例，认为绿色化、可持续的新型农业体系是农业绿色发展的重要模式。刘子飞（2016）指出绿色农业是绿色思想和生态文明思想在农业生产中的具体实践，也是满足我国居民在收入提高、消费升级阶段出现的新需求的绿色产业。

在农业绿色发展面临的问题方面，王兴贵（2015）对甘孜藏族自治州（以下简称"甘孜州"）的农业绿色发展状况进行了分析，认为甘孜州在农业绿色发展中主要面临林草系统退化、水土流失、自然灾害等环境问题，并进一步提出了包括加强经济调控、社会调控和资源调控等在内的政策建议。

4. 农业绿色发展的评价

在农业绿色发展的衡量指标体系构建方面，岳文博（2016）借鉴和综合了国内外绿色农业发展的模式，对农业绿色发展进行界定，并对现有的农业绿色发展指标体系进行了评价。吴丹等（2017）根据我国北大荒的实际情况，从经济、社会、生态三个维度出发，设计了可以评价农业现代化的指标体系，并基于该指标体系对北大荒地区农业现代化及其绿色发展水平进行了测算和分析。

在测算方法方面，现有文献尚未对农业绿色发展水平进行直接测量，而是针对农业发展的某个侧面进行研究，如全炯振（2009）、张乐和曹静（2013）分别采用 SFA-Malmquist 生产率指数模型和携带时变（time-varying）技术无效率指数的随机前沿生产函数模型分析了农业全要素生产率变化及其分解；杨俊和陈怡（2011）、李谷成等（2013）、潘丹和应瑞瑶（2013）均采用 Directional Distance Function 和 Malmquist-Luenberger 指数分析了中国农业环境技术效率和农业绿色 TFP 增长；梁俊和龙少波（2015）、谢里和王瑾瑾（2016）运用多种 DEA 模型来分析农村绿色发展的绩效值；朱韵臻和朱玉林（2015）、李兆亮等（2016）基于能值理论分别对湖南省和中国各省域单元的农业绿色 GDP 进行了测算。

5. 农业绿色发展的政策建议

赵大伟（2012）认为农业绿色发展具有自身特定的规律性，在不同的发展阶段均会呈现出不同的特征，因此应结合不同阶段的特点来对制度设计进行相应的优化。唐德华（2014）在对四川省甘孜州的农业生态系统进行耗散结构与熵流分析的基础上，提出减少熵增、吸引负熵流等相关对策措施。陈亮和解晓悦（2016）结合当前具体情况，分别从农产品质量、农业格局、职业农民、农村金融、制度创新和"互联网+"等方面提出促进农业绿色发展的政策措施。管延芳（2017）认为土地流转信托是推进农业绿色发展的良好渠道。于法稳（2017）指出构建绿色产业体系是绿色城市和美丽乡村建设的内核和着力点，因此应促进绿色制度建设，为农业绿色发展提供保障。

2.2.3 文献评述

纵观现有文献，国内外学者从不同视角出发，针对农业产业集聚和农业绿色发展展开了大量研究，为相关领域的进一步深入研究奠定了基础。但从以上研究综述中可以看出，现有文献依然存在一些不足，值得进一步探究。

2.2.3.1 现有研究的特点与成果

在关于农业产业集聚的研究成果方面，现有文献主要从农业产业集聚的衡量标准、产生与发展机制、影响因素、影响作用等角度出发对农业产业集聚展开分析，取得了丰富的理论和实证成果：①现有文献运用多种指标，针对农业生产、农业经济、农产品生产等在空间分布上的变化进行了测算，发现农业生产活动具有突出的空间相关性特征和特定区域集聚特征，进一步表明农业产业集聚是农业生产在现在以及未来一段时间内的重要趋势；②针对农业产业集聚现象的形成与作用的研究较多，现有文献采用区位理论、比较优势理论、新经济地理理论等，重点分析了资源禀赋、宏观经济、基础设施、人力资本、政策等因素在农业产业集聚过程中发挥的作用，发现农业产业集聚的影响因素呈现出扩大化和复杂化的趋势，自然因素对农业产业集聚的限制性影响不断削减，非自然因素对农业产业集聚的影响逐渐凸显；③从研究方法来看，随着计量技术的不断进步，现有关于农业产业集聚的实证分析方法不断完善和发展，与之前主要采用理论假说和定性分析相比，越来越多的文献采用大量的定量实证方法，如结构方程模型、面板数据模型、空间计量模型等；④从研究对象来看，现有文献主要集中于研究粮食作物、棉花、蔬菜、水果、禽畜等农产品生产的集聚现象；⑤从研究地域来看，现有文献主要基于地带、省域、流域等较大的地理单元展开分析，其研究结论具有较强的实践意义和指导性。

在农业绿色发展方面，现有文献也取得了较为丰富的研究成果：①在研究内容上，由于经济体制、发展理念等方面的差别，国外文献并无此概念，而是围绕"农业生态发展""农业可持续发展"等概念进行研究，而由于该概念提出的时间较晚，国内文献主要从基本内涵、重要作用、发展动力与政策建议等方面展开研究；②在研究方法上，现有文献主要采用定性分析法对农业绿色发展展开研究，但也有少量文献采用定量分析法对农业绿色发展的某个或多个侧面，如生产效率、碳排放等进行研究，均得出农业产业集聚对其具有非线性影响的结论；③从研究地域来看，现有文献主要基于全国层面、省级层面以及特定的省市展开分析，其研究结论具有很强的地域性特色。

2.2.3.2 现有研究的缺陷与不足

在农业产业集聚方面，首先，现有关于农业产业集聚的研究成果依然较少，对农业产业集聚所具有的效应等方面的研究存在不足。其次，国内学者更加青睐于采用理论分析的方法来对农业产业集聚进行研究，实证分析较少，降低了研究结果的可信度与说服力，对实际生产活动无法提供足够合理有效的理论支撑。

在农业绿色发展方面，国外文献并无农业绿色发展这个概念，主要从"农业生态化发展""农业可持续发展"等的概念内涵、发展现状、发展动力与综合影响等方面展开研究，虽然这些概念与农业绿色发展相近，但存在较大差异，且研究方法以定量分析为主，缺乏深层次的理论分析，对我国农业绿色发展的借鉴意义有限；国内学者主要集中于分析农业绿色发展的具体内容、政策、机制构建以及相关的发展战略，且主要以宏观层面的理论分析为主，缺乏实证分析，进而导致定性分析结论的有效性和实用性大打折扣。

在农业产业集聚与农业绿色发展的关系方面，现有文献暂时还没有专门针对农业产业集聚对农业绿色发展的影响展开研究，而是仅仅围绕其相关问题或者某个侧面的影响展开分析。就农业产业集聚对农业绿色发展的理论机制与作用渠道进行研究的论文凤毛麟角，仅有少数学者指出农业产业集聚会对农业绿色发展产生影响，但并未进行深入研究。

因此，在社会主要矛盾发生根本转变、农业产业集聚和农业绿色发展成为未来农业发展的重要方向的背景下，迫切需要系统地对农业产业集聚影响农业绿色发展的作用进行理论分析和实证分析，从而为农业绿色发展提供可靠的理论支持。

2.3 理论基础

2.3.1 农业产业集聚的理论基础

产业集聚的起源较早，自马歇尔（Marshall）在 1890 年第一次提出产业集聚这一概念以来，随着经济的不断发展，有关产业集聚的理论不断产生，比如杜能（Johan Heinrich Von Thunnen）的农业区位论、韦伯（Weber）的工业区位论、埃德加·M. 胡佛（Edgar Malone Hoover）的产业集聚最佳规模论、保罗·克鲁格曼（Paul Krugman）的新经济地理理论等。下面本书将对以上理论进行阐述和总结。

2.3.1.1 马歇尔的产业区位论

马歇尔（Marshall）是近代英国享誉世界的学者，在 1890 年出版了《经济学原理》一书。该书是西方经济学界公认的划时代著作，马歇尔也被尊为新古典学派的创始人。

马歇尔在《经济学原理》中明确指出外部规模经济的源泉是产业分工，规模报酬递增促进了外部经济增长，从而吸引了产业集聚；企业在特定地理空间上集聚的主要目的是获得外部规模经济带来的利益增长。马歇尔进一步指出空间外部性产生的三个原因：①劳动力市场共享（labor force pooling）可以使得劳动力需求方和供给方实现成本最小化，这极大地减少了企业生产时的劳动力成本；②中间产品投入的共用与分享极大地缩短了生产时间，从而为实现生产进步、经济增长提供了优良的外部发展环境；③技术外溢（technology spillover）可以推动创新在知识和技术扩散的过程中产生，进而提高产业发展效益、推动经济增长。

产业区位论的提出以及相关学者对其的进一步延伸，为后来学者研究产业集聚奠定了坚实的基础，对深入研究相关领域具有重要意义。针对产业集聚的后续研究虽然在研究视角、研究方法等方面各有不同，但均认为空间外部性与产业集聚二者之间的关系十分紧密，而在分析产业集聚形成的原因时，空间外部性是应当加以考虑的关键因素之一。如 Fujita 和 Thisse（2003）基于经典的空间不可能定理，认为空间外部性在很大程度上解释了经济活动空间结构、地理布局、关联特征等。梁琦（2004）认为空间外部性可以有效解释那些不能通过自然禀赋来解释的产业集聚，二者紧密相关。Gordon 和 Mccann（2005）认为，当前世界范围内的资源要素快速流动，外部规模经济比内部规模经济更能解释产业集聚这一现象。

2.3.1.2 杜能的农业区位论

在 19 世纪，德国农业取得了较为明显的发展，生产经营方式由庄园经营快速转向自由经营。正是在这样的时代背景下，德国学者杜能（Johan Heinrich Von Thunnen）在 1826 年出版了《孤立国同农业和国民经济的关系》一书，因此，他通常被认为是经济地理学和农业地理学的创始人。

杜能认为从产地到市场的距离会对土地的适用类型产生影响，在理论研究中设立了"孤立国"作为研究对象，并进行了相关假设，具体如下：①存在一个与其他国家完全不相往来的孤立国，该孤立国建立在平原地区，全国境内土地的性质和质量保持一致；全国境内只有一个位于平原中间的城市，除了这个城市以外的地方都属于农村。②在该国境内，在城市和农村以外的地方是没有经过人类开发的面积很大的荒野，这导致孤立国完全无法与其他国家相往来。③矿山、盐场等均位于城市附近，而城市提供全国民众所需的工业产品；农村提供城市民众所需的农产品，而且仅仅向城市供应农产品，没有别的市场可以提供农产品。④孤立国位于中纬度地区的温带区，无论是种植业还是养殖业都很适合，农村居民可以根据市场需求的变化来自行调整其农作物品种与耕作量，以期获得最大利润。⑤孤立国无法通过河流来运输货物，只能通过陆上运输，而马车是唯一的运输工具。⑥运输费用与运输距离成正比，农村居民承担运输费用，运输价格低于农产品的销售价格。

基于以上假设，杜能认为，农产品销售价格是农民决定种植何种农产品、采用何种耕作手段的决定性因素，从产地到市场的运输费用占据了农产品总成本的绝大部分，农民的期望收入等于农产品销售价格去掉运输成本。因此，杜能认为土地的使用类型、耕作方式、农业集约化水平等主要取决于经济因素，尤其是农产品从产地到市场的运输距离。

依据上述假定，农业生产方式的空间配置将呈现出随着与城市的距离变化而变化的趋势，表现为在距离城市较近的地方种植不易运输、难以保存的作物，而随着与城市距离的增大，则相应地种植运费较低的作物，从而形成以城市为圆心、在某一圈以某一种农作物为主的同心圆结构。杜能以城市为中心构建了孤立国全境的生产布局，形成由内向外依次排列的六个同心圆生产圈。第一圈为自由农作区，距离城市最近，主要生产蔬菜、牛奶等农产品，这些农产品的需求量大、产量高但不易保存。第二圈为林业区，主要生产城市所需的建筑木材、取暖所需的劈柴和木炭。第三圈为轮作式农业区，以谷物（麦类）和饲料作物（马铃薯、豌豆等）的轮作为特点，生产集约化程度较高的谷物产品。第四圈为谷草式农业区，主要作为谷物（麦类）、牧草、休耕轮作地带，农牧业混合发展。第五圈为三圃式农业圈，是离城市距离最远、耕作方式最粗放的谷物生产区。该区域将农村附近土地分为黑麦区、大麦区和休闲区，三区轮作；而离农村比较远的地方则作为永久牧场，主要向城市提供各种经过加工的畜产品和谷物农产品。第六圈为畜牧业圈，该圈作为最外圈，生产谷麦用于自给，生产牧草用于畜牧，以畜产品如黄油等供应城市市场。第六圈以外的地区生活着少量猎人，通过兽皮来同农村居民、城市居民交换生活必需品。

基于以上分析，杜能首次分析得出了农业生产的空间分布规律，从而实现农业生产经营的集约化，并基于假设条件，对农业生产布局的原则和措施进行了详细的阐述，奠定了农业区位论的基础。

2.3.1.3 胡佛的产业集聚最佳规模论

美国区域经济学家埃德加·M.胡佛（Edgar Malone Hoover）在1937年发表了《区位理论与靴鞋和皮革工业》，从历史的角度对处于不同经济发展水平的区位结构变化进行了分析。

在《区域经济学导论》一书中，胡佛将规模经济划分为三个层次，分别为单个区位单位，如工厂、商店等单位的规模所决定的经济；单个公司，即企业联合体的规模所决定的经济；特定产业在某个地理空间上集聚的总体规模产生的经济。当这三个层次的规模经济分别实现本身的最大化时，相应的最佳规模分别就是区位单位、公司、集聚整体的最佳规模。

与其他产业集聚理论相比，胡佛的产业集聚最佳规模论的核心点在于，他指出了产业集聚规模并非越大越好，产业集聚规模也遵循适度原则。如果集聚没有达到特定的规模，那么始终发挥不出其应有的效果；如果集聚规模过大，反而会因区域资源分配和环境压力问题使整体福利下降进而降低集聚效果。

2.3.1.4 克鲁格曼的新经济地理学规模报酬递增理论

1991年，保罗·克鲁格曼（Paul Krugman）在《政治经济学》期刊上发表了《经济地理与收益递增》一文，该文的发表标志着新经济地理学规模报酬递增理论的诞生。保罗·克鲁格曼基于传统的收益递增理论和垄断竞争模型对产业集聚的产生和推动因素进行分析，认为促使产业集聚产生的原因是收益递增和运输成本节约，这种作用的循环往复使得产业集聚现象一旦产生就能自我增强而持续下去。

克鲁格曼（1991）首次从国家层面出发，研究了产业集聚是如何形成的，并建立了"中心—外围"模型对其进行分析。在他设立的模型中，工业部门处于核心地区，具有规模递增的特点，而农业部门处于外围地区，具有规模报酬不变的特点。区位因素主要取决于地理距离导致的交通运输成本和集聚带来的经济。通过对模型的分析，该理论进一步阐述了具有相同外部环境条件的工业区域和农业区域是怎样发展形成完全不同的产业结构的。该理论的重要意义在于，可以对一个地区经济地理模式的发展进程进行合理的预测和推演。克鲁格曼重点指出相关产业在特定地理空间集聚的过程中，生产要素、中间投入、科技创新等因素对产业集聚的推动作用，并进一步指出这些因素将产生外部经济。

虽然新经济地理学规模报酬递增理论对产业集聚产生的原因进行了深

入分析，其设立的模型也对产业集聚的产生与发展具有较高的解释力，但该理论得出的大多数结论是建立在简单的数字模拟之上的，在经济的实际运行中很多影响产业在特定空间集聚的因素并不是可以用函数来表达的，从而限制了该理论模型在空间经济分析中的进一步广泛应用。

2.3.2 农业绿色发展的理论基础

2.3.2.1 马克思主义生态文明理论

马克思主义诞生于 19 世纪，当时经济发展带来的生态环境问题并不突出，环境恶化与经济发展之间的矛盾已经产生但是并未达到现在的高度，但马克思、恩格斯通过对当时资本主义世界的生产、消费的特点进行分析，超前地预示了资本主义社会将带来严重的生态问题。基于人类实践活动的视角，马克思和恩格斯以人的全面自由发展为最终目标，从哲学的角度对人类、自然、社会三者之间的关系进行了深入思考。在马克思和恩格斯之后，很多研究马克思主义的学者在其基础上进行了进一步扩展，逐渐形成和丰富了马克思主义生态文明理论（高欢欢，2019）。

马克思主义生态文明理论是基于实践唯物主义思想而形成的理论体系，是指导如何正确处理经济发展与生态文明建设的关系的科学理论，从本质上看，马克思主义生态文明理论是要理顺人、自然、社会三者之间的关系。马克思主义生态文明理论的基本内涵主要包括以下三个方面：

首先，自然是人类生存和发展的前提。马克思指出："人靠自然界生活……自然界是人为了不致死亡而应当与之不断交往的、人的身体。"[1] 自然界为人类提供了天然的生活资料和天然的生产资料，人类在对自然界的实践活动中创造出了不同的生产方式和生活方式，这些方式反过来又推动着人类经济社会向前发展。

其次，人类是自然界的重要组成部分。马克思明确指出："没有自然界，没有外部的感性世界，劳动者就什么也不能创造。自然界、外部的感

---

[1] 马克思，恩格斯. 马克思恩格斯全集：第 42 卷 [M]. 中共中央马克思恩格斯列宁斯大林著作编译局，译. 北京：人民出版社，1979.

性世界是劳动者用来实现他的劳动，在其中展开他的劳动活动，用它并借助于它来进行生产的材料。"① 人类对自然界的依赖性将会持续存在，一旦脱离了自然界，人类将无法继续生存和发展。人类从自然界分化出来，通过物质生产活动实现了人与自然之间的物质变换，实现了从自然人向社会人的转变，最终创造了人类社会。

最后，人与自然是在实践基础上的统一整体。人与自然是辩证统一的，统一性主要表现为人类的实践活动对自然界的依赖性。人类社会的进步与发展建立在人类对自然界进行实践的基础之上，而实践的前提是自然客观存在。在实践过程中，人类、社会、自然三者之间会产生多种联系，最终形成复杂的相互影响的网络关系。恩格斯也指出："我们不要过分陶醉于我们对自然界的胜利。对于每一次这样的胜利，自然界都在对我们进行报复。"② 要实现人与自然之间有序、和谐发展，就应当对不合理的生产关系进行调整。

在诸多关于生态环境保护的理论中，马克思主义生态文明理论脱颖而出，不仅为人类社会提供了如何处理经济发展中的生态环境恶化问题的重要启示，也为加快建设社会主义生态文明提供了思想武器（董强，2013）。

2.3.2.2　习近平生态文明思想

改革开放以来，我国长期面临着十分严峻的生态环境形势。这要求我国政府不仅要具备现代化的治理能力，履行作为一个崛起中的大国的责任，也要对我国长期生态文明建设实践进行反思与总结（段蕾 等，2016）。在此背景下，习近平总书记基于马克思主义生态文明理论、中华民族的传统生态思想、历代领导集体的生态思想以及当代世界的生态文明理论，认真分析我国具体国情，提出了习近平生态文明思想，这在一定程度上突出了生态文明建设的关键性和迫切性。

习近平生态文明思想的源泉包括中国传统生态文化、马克思主义生态

① 马克思，恩格斯. 马克思恩格斯选集：第3卷［M］. 中共中央马克思恩格斯列宁斯大林著作编译局，译. 北京：人民出版社，2012.
② 恩格斯. 自然辩证法［M］. 曹葆华，于光远，谢宁，译. 北京：人民出版社，1984.

思想以及对个人阅历与国家发展的反思（刘於清，2018）。从党的十八大提出"五大发展理念"和"建设美丽中国"的要求以来，习近平总书记曾在多个场合对绿色发展理念进行系列阐述。2015年1月19日至21日，习近平总书记在云南考察工作时指出："经济要发展，但不能以破坏生态环境为代价。生态环境保护是一个长期任务，要久久为功。""要把生态环境保护放在更加突出位置，像保护眼睛一样保护生态环境，像对待生命一样对待生态环境。"①习近平总书记关于绿色发展的相关表述，逐渐概括成为包括"绿水青山"和"金山银山"两个基本范畴在内的"两山论"，"两山论"成为习近平生态文明思想的重要组成部分（沈满洪，2018）。习近平总书记在党的十九大上进一步明确指出："建设生态文明是中华民族永续发展的千年大计。应当树立和践行绿水青山就是金山银山的理念，坚持节约资源和保护环境的基本国策，像对待生命一样对待生态环境，统筹山水林田湖草系统治理，实行最严格的生态环境保护制度，形成绿色发展方式和生活方式，坚定走生产发展、生活富裕、生态良好的文明发展道路，建设美丽中国，为人民创造良好生产生活环境，为全球生态安全做出贡献。"② 这是习近平生态文明思想的集中体现。

在国际场合，习近平主席也多次提到生态文明建设的重要性。习近平主席于2013年9月7日在哈萨克斯坦纳扎尔巴耶夫大学回答学生提问时指出，"我们既要绿水青山，也要金山银山。宁要绿水青山，不要金山银山，而且绿水青山就是金山银山"③。在2015年第七十届联合国大会一般性辩论中，习近平主席表示："我们要构筑尊崇自然、绿色发展的生态体系。"④

作为马克思主义生态文明理论的重要拓展，作为中国特色社会主义理论体系中的重要部分（陈俊，2018），习近平生态文明思想为中国未来长期的社会主义建设提供了科学指导，不仅有利于促进中国梦的顺利实现，

① 关于生态环境保护总书记讲过的那些金句 [J]. 环境经济，2018（Z2）：10-11.
② 习近平. 决胜全面建成小康社会 夺取新时代中国特色社会主义伟大胜利：在中国共产党第十九次全国代表大会上的报告（2017年10月18日）[J]. 前进，2017（11）：4-23.
③ 关于生态环境保护总书记讲过的那些金句 [J]. 环境经济，2018（Z2）：10-11.
④ 习近平. 携手构建合作共赢新伙伴 同心打造人类命运共同体：在第七十届联合国大会一般性辩论时的讲话 [J]. 中国投资，2015（11）：20-22.

也为在世界范围内解决经济发展与生态保护难题提供了中国方案（李艳芳等，2017）。

2.3.2.3　可持续发展理论

1983 年，联合国成立了世界环境与发展委员会（World Commission on Environment and Development，WCED），负责研究经济增长与环境退化之间的关系。1987 年，该委员会第一次将"可持续发展"这一概念引入正式的政治领域，并在《我们共同的未来》（*Our Common Future*）中将"可持续发展"定义为"不仅要满足当代人生存和发展的需要，也要保证后代人可以维持生存和发展的能力的发展"。进一步地，联合国在 1990 年发布了《21 世纪议程》，首次将可持续发展问题由理论推动到实践①。可持续发展这一理念自出现以来已经形成了众多思想流派，主要包括"增长的极限理论""三支柱理论"与"绿色经济理论"三种。

增长的极限理论。1972 年，美国环境学家 Donella Meadows 基于电脑仿真模型发表"The Limits to Growth"，并明确指出，"如果全球范围内的人口、工业化、污染、粮食生产和资源枯竭保持目前的增长趋势不变，这个星球的增长极限将在未来一百年内的某个时候达到"。一旦达到增长极限，会引起不可控制的人口急剧减少与工业退化。这种学说在 20 世纪 70 年代盛行并影响至今。针对可能会出现的增长极限，有学者认为应该限制资源的使用甚至放弃某些特定的经济增长模式，并加强维持经济增长与生态的动态平衡。

三支柱理论。三支柱理论是流传范围最广也是最被广泛接受的一种理论。三大支柱分别指社会、环境、经济，强调三个方面的协调统一、相互作用与统筹发展。社会、环境、经济三个方面的相互影响表现在诸多方面，经济从自然资源中获取原料而实现增长，但也导致自然资源减少甚至枯竭；城市化发展建立在能源的大量消耗上，但同时温室气体的排放也导致气候变化。Perez-Carmona（2013）将环境问题描述为"家庭消费需求与自然环境二者不兼容的复杂现象"。综上，推动社会、环境、经济三大支

---

① 国家环境保护局. 21 世纪议程［M］. 北京：中国环境科学出版社，1993.

柱相互制约、相互促进，实现平衡有序发展是这一理论的主要内容。

绿色经济理论。绿色经济理论兴起于 21 世纪初，主要强调经济的复原能力与抵御能力，认为保护环境可以实现长期经济利益和推动经济增长。该理论认为，要实现经济的绿色增长，应当注重绿色生产技术、绿色经济市场、国际合作三个因素。首先，在绿色生产技术方面，要加强对绿色生产技术的研发力度、提高生产效率、减少污染排放，寻求现有不可再生资源的替代品，最大程度上降低对自然资源的消耗程度和污染程度。其次，在绿色经济市场方面，强调市场发展的包容性和平等性，更加重视公平，重视对贫困国家和人口的帮扶。最后，在国际合作方面，主张重视技术、贸易和金融等方面的国际合作，不断缩小发达国家和发展中国家之间的差距。

可持续发展理论的提出，意味着人们将环境保护放到了与经济发展同等重要的地位，对后续经济社会的发展产生了重要影响。

2.3.2.4 循环经济理论

20 世纪 60 年代，面对环境污染加剧这一问题，环境保护主义开始兴起，在此背景下循环经济思想开始产生并逐渐产生较大的影响力。

循环经济理论源于美国经济学家 Boulding 在 1966 年提出的"宇宙飞船经济理论"（the economics of the coming spaceship earth）[①]，认为人类应将地球看作一个宇宙飞船，这个宇宙飞船除了从太阳那里获得能量外，企业生产要素均从地球内部获得。在此基础上，该理论将经济分为牛仔经济和宇宙飞船经济，前者的特点是生产消费毫无顾忌、逍遥自在，后者的特点是限制自由、注重物质资源的循环利用。在人口持续大规模增长的背景下，现有的经济模式应当由"牛仔经济"转型为"宇宙飞船经济"。Boulding（1966）对传统工业经济"资源—产品—排放"模式提出了批评，并首先提出了"循环经济"，认为在经济生产的大系统内，在要素投入、企业生产、产品运输与消费、废弃的全过程中，应当转变原先经济增长主要依赖

---

① BOULDING K E. The economics of the coming spaceship earth ［C］// 6^ Resources for the Future Forum on Environmental Quality in A Growing Economy. 1966：947-957.

要素投入的生产模式，实现对资源的生态化、循环化利用。

循环经济理论打破了传统的经济发展思想，力求最大限度地减少废弃物和浪费，最大限度地提高废弃物的再次利用率，从而以最小成本获得最大的经济效益、环境效益。在 20 世纪 60 年代，循环经济理论具有罕见的超前性和突破性，极大地推动了关于经济与资源、经济与环境的相关研究，也不断推动环境保护、清洁生产、绿色消费和废弃物的再生利用，已经成为环境与发展领域的一个主流思潮。

2.4　本章小结

本章首先从基本概念的界定出发，在现有学者对农业产业集聚和农业绿色发展的概念界定基础上，将其与数个含义相近的概念进行辨析；同时，本章对与农业产业集聚和农业绿色发展相关的国内外研究成果进行了全面梳理，并对现有研究的特点与成果以及缺陷与不足进行总结；进一步地，本章对研究农业产业集聚影响农业绿色发展的理论基础，包括马歇尔的产业区位论、杜能的农业区位论、胡佛的产业集聚最佳规模论、克鲁格曼的新经济地理学规模报酬递增理论、马克思主义生态文明理论、习近平生态文明思想、可持续发展理论、循环经济理论等进行了概述。这些内容为之后的定性分析和定量分析奠定了文献基础和理论基础。

3 农业产业集聚影响农业绿色发展的作用机制

3.1 农业绿色发展的内涵

在前文中,本书将农业绿色发展定义为现阶段农业产业发展的一种发展理念,其本质为打造新的农业发展格局,创造符合农业资源环境的现实条件,推进农业生产经营、农民生活、农村生态协调发展,从而最终实现农业产出增长、绿色生产效率提高和生态环境良好等多重目的。因此,本书将从农业产出增长、绿色生产效率提高、生态环境良好三个层面出发,分别阐述农业绿色发展的内涵。

3.1.1 农业产出增长

在前文的分析中,本书对农业的重要作用进行了阐述。就农业产出增长对国民经济与社会发展的作用来看,农业产出增长具有以下重要的作用:第一,随着经济发展、人口增长以及城市化水平的不断提高,整个社会对粮食的需求不断增加,因此农业产出增长可以满足消费者日益增长的食物需求、营养需求,降低本国对国外粮食供给的依赖度,保障粮食安全;第二,农业产出越多,农业生产部门生产的总产品扣除自身消费和留存部分后的剩余越多,不仅可以满足非农产业人口的粮食需求,也可以为非农产业提供充足的原料，从而推动社会经济持续发展；第三，农业产出的增长也使可供出口的农产品增长，从而通过出口获得更多外汇，促进本国的经济增长（Johnston et al.，1961），并通过农产品的对外贸易进行农业生产的技术交流，提高农业生产效率；第四，农业生产部门满足自身生产生活投入品的需求，将形成对非农生产部门的需求，农业产出的增长不仅可以拉动非农生产部门的生产，也可以增加整个社会消费品零售额，从而扩大市场，形成良性循环；第五，农业产出的增长为农业自身发展提供了充足的资金，有利于农业生产部门强化科研创新、完善基础设施。

党的十八大以来，习近平总书记多次明确指出，发展是解决我国一切问题的基础和关键（杨英杰，2017）。农业绿色发展作为一种发展理念，其本质是关于农业结构改善和生产方式调整的经济变革，并不是为了生态保护而牺牲农业产出；相反，保持农业产出的持续增长始终是农业绿色发展理念的重要组成部分。只有在促进农业产出增长、保证农产品数量质量的同时，加强绿色生产技术应用，逐步转变农业生产方式，才能真正实现农业的绿色转型发展。

3.1.2 绿色生产效率提高

与第二产业、第三产业相比，农业产业对自然要素的依赖性极强。虽然科技创新、资本投入等要素发挥的作用日益增强，但劳动力资源、水资源、耕地资源仍然是维持农业生产最基本的资源要素。劳动力资源、水资源、耕地资源的数量决定了农业产业的产量，而三者的质量则进一步决定了农产品的品质。随着工业化进程和城镇化进程的推进，因升学、工作和子女入学，大量农村青壮年人口走出农村、流入城镇和非农产业，导致从事农业生产的劳动力数量和质量不断下降；与此同时，国家在资源配置中更加倾向于城镇和非农产业，农业生产中所需的自然资源要素，尤其是土地资源和水资源，不断地被配置到城镇和非农部门，可供农业生产的资源不断减少。此外，长期以来我国农业存在的高投入、高消耗、资源透支、污染加剧等问题，再加上工业企业、城镇排放的污染物，导致农业自然资源的质量不断下降。这不仅直接对农业正常的生产活动产生不利影响，进一步加剧了我国以粮食为主的农产品质量安全问题，也威胁到人民群众的正常生活。

在农业生产自然资源数量减少、质量下降的背景下，推进农业绿色发展，就意味着要在农业生产中，在继续增加自然资源的数量和提升自然资源的质量的同时，要更加重视科技创新因素和劳动力因素，加强高效、绿色、清洁生产技术的研发、推广、应用，不断提升农业劳动力的综合素质，从而提升土地的产出率、自然资源的利用率，在获得农业产出增长的同时减少污染排放，为消费者提供品质优异、质量安全、独具特色的农产品，满足消费者对农产品数量和质量的需求，实现农业的节能增收、提质增效，最终实现农业绿色转型发展。

3.1.3　生态环境良好

长期以来，因过度追求经济产出，我国农业发展付出了重大的生态代价。在农业生产活动中，化肥、农药、塑料薄膜等农用化学品的过度使用、畜牧养殖过程中的禽畜粪便的不及时合理处理、农作物废弃物残留物的不合理处理，导致了农业生态环境的恶化。生态破坏加剧、污染排放增长、食品质量安全等问题层出不穷，对我国消费者的正常生产生活和身心健康造成了十分严重的负面影响（于法稳，2017）。

生态环境的持续恶化、生态资源的不断减少，一方面凸显了优质生态环境的稀缺性和珍贵性，另一方面也导致人民群众对优质生态环境和优质农产品的需求不断增长（于法稳，2016）。随着经济快速发展、社会快速进步，人民群众的生活水平得到了大幅度提升，相应地其需求也发生了重大改变。原先对物质数量的需求逐渐下降，对物质的质量需求、精神需求、环境需求不断上升，消费者更加注重自身的健康问题和人类活动对自然的影响，生态环境问题逐渐成为重要的民生问题。

在农业生产过程中更加注重环境友好、加强生态保育，是农业绿色发展的应有之义，也是根本要求。推进农业绿色发展，就要是在促进产出增长、效率提升的同时，通过对绿色生产技术的推广和使用，不断减少农用化学品的投入和污染排放，加强对农业环境污染的防治，加快推进绿色农业、生态农业的建设进程，促使农业生产方式发生根本性转变，形成持续性、绿色化、循环性的发展模式，从而突出农业的绿色本质，不断巩固农业在建设美丽中国中的重要支撑地位。

3.2　农业产业集聚的作用

农业产业集聚对农业绿色发展的促进作用根本上来自农业产业集聚本身所具有的作用，因此对农业产业集聚的作用加以研究和分析，可以进一步厘清农业产业集聚对快速推进农业绿色发展的作用。借鉴现有相关领域的研究成果，本书认为，农业产业集聚主要有促进市场交易、推动农业生产、优化市场竞争和加快科技创新等作用。

3.2.1　促进市场交易

新制度经济学理论认为，一切交易均存在成本问题。所谓的交易费用指的是，产权在主体之间转移的过程中产生的所有成本，包括收集信息、进行谈判、执行合约、后期学习等方面的成本。交易成本越高则交易效率越低，农业产业集聚将从以下三个方面减少交易成本，最终促进市场交易，从而不断提高农业生产的交易效率。

1. 降低交通运输成本

作为交易成本中重要的组成部分，交通运输成本将随着农业产业集聚度的提升而不断下降。在其他因素不变的前提下，空间上相近的企业之间、企业与农户之间、企业农户与农业支撑机构之间的交易，与空间上距离很远的企业之间、企业与农户之间、企业农户与农业支撑机构之间的交易相比，其交易成本明显要低很多。由于空间地理上距离很近，原本在生产成本中占据重要部分的产品运输、保存保鲜、转运库存等成本大幅度下降，推动集聚区内的农业企业可以以较高的效率来实现彼此之间的交易，从而形成良性循环，在降低了这些农业生产主体之间的交易成本的同时，交易效率和运营收益也均会实现增长。

2. 减少信息不对称现象

市场运行中存在的交易成本还包括信息搜寻费用和机会主义行为费用。信息搜寻费用指的是市场主体在要素市场和产品市场寻求关于供给和需求的信息时所应当花费的成本。而所谓的机会主义行为费用，意思是在市场运行中每个市场主体都是追求利润最大化的，因此这些主体有可能为了实现利润最大化而采用多种方式造成交易对象的利益下降，从而提高自身利益。一方面，考虑到大量农业生产主体会集中在特定区域，市场主体之间交流便利，本地企业、农户、支撑机构的经营状况、市场需求、产品质量、诚信水平等信息可以便利快捷地被生产主体获取，不仅大大减少了这些信息的搜寻成本，也可以有效地避免交易中的机会主义行为；另一方面，与工业、服务业相比，在农业产业集聚的地区，企业、农户、支撑机构深深融入本地社会网络中，他们中间大部分人还存在亲戚关系，相互之间关系良好、联系紧密，这也很好地规避了机会主义行为，保证了交易主体之间信息的正确性，从而提高交易效率。

3. 提高合作效率

在农业产业集聚的地区，企业、农户、支撑机构因地缘关系和频繁交易形成了利益共同体，也增强了主体之间的认同感和团结性，从而降低了主体之间合作的谈判费用，提高了合作的成功率，也有利于减少主体的机会主义行为、降低因不确定性带来的损失。与此同时，地理相近使主体之间的信息交流方便快捷，有利于相互之间的监督和检查。更重要的是，因农业产业集聚于特定区域，在中国独有的集体主义精神和行业商会的影响下，各个主体更加倾向于形成"有福同享，有难同当"的利益共同体，有利于进一步促进主体之间高度合作、紧密团结，并构建具有本地特色的隐形规定以约束自身的行为，从而进一步提升合作效率。

3.2.2 推动农业生产

从传统意义上讲，任何产业生产效率的提高都意味着在要素投入不变的前提下产出增加，或者在产出不变的前提下要素投入减少。农业产业集聚可以通过影响技术进步、规模经济、资源配置效率等来影响农业绿色生产效率。

1. 加快技术进步

作为一种推动产品生产和社会进步的重要动力，技术进步主要通过新技术的开发、推广和应用对农业绿色生产效率产生影响。就目前趋势来看，企业已经成为促进技术研究、转化、推广、应用的重要主体。随着生产规模的扩大以及交易效率的提升，农业产业集聚将推进生产专业化，从而促进技术进步。与此同时，农业产业在特定区域集聚，主体之间的交流十分便利，信息传播的速度很快，一旦某项技术被发明出来或者被推广和被应用，该技术将迅速被其他主体应用，从而加快了技术进步，提高了生产效率。

2. 实现规模经济

规模经济是指随着企业生产、经营规模的扩大，生产成本下降、收益增长的现象，且当该企业的生产规模达到特定程度时，生产效率也会提高。规模经济分为内部规模经济和外部规模经济两类，农业产业集聚将促进外部规模经济的产生。在农业产业集聚的地区，不仅存在着大量从事农业生产、农产品加工销售的同质性企业和相关支撑机构，也存在着产业之间相互关联的前向关联、后向关联企业和上游、中游、下游企业。这些企业的集聚导致专业设施、专业人才的利用率提高，从而形成外部规模经济，进一步提高生产效率。

3. 获得范围经济

范围经济是指一个企业扩大生产范围同时生产多种产品进而导致生产价格下降的现象，主要来自企业利用其原先单一生产、经营某种特定产品的过程，来生产和销售多种产品而产生的经济。在这种情况下，同时生产这些产品的成本，要明显低于分别生产这些产品的总成本。范围经济的产生主要来源于以下方面：大规模采购、运输、管理原材料和产品，从而降低均摊运费；综合性利用产品生产设备，从而提高设备的利用率；企业研发或利用的技术成果、生产技术与管理才能等无形资产，可以用于多种产品的生产，从而降低产品生产成本；面对市场需求的复杂性与多变性，同时生产、销售多种产品可以有效分散市场风险。农业产业集聚可以通过促进集聚区内市场主体共享基础设施、市场信息、服务体系等，产生范围经济。另外，越来越多生产相同产品的农业产业主体在特定区域集聚，形成了相互合作、相互竞争的发展格局，进一步加剧竞争，产品的差异化程度也不断提升，同一行业的生产主体不得不针对细分市场来确定产品种类。这不仅进一步推动了产业分工，也形成了整个区域内的范围经济。

4. 提高资源配置效率

资源配置效率是指为达到特定生产目标而进行资源配置所花费的成本。资源配置效率代表着生产主体对生产资源的合理利用程度。农业产业集聚可以通过资本、劳动力、公共产品、公共服务等多种渠道来提升农业绿色生产效率。首先，由于大量的农业生产主体和其他机构在特定的空间上集中并围绕某几个核心企业来生产经营，已经形成一个较为完整的生产、运输、加工、销售的产业分工体系，以及相互之间长期的商业合作、业务往来、彼此信任，各个产业主体之间的资金流转效率不断提高；其次，农业产业在特定区域集聚导致劳动力的学习曲线发生改变，其学习能力与工作能力均得到大幅度提高，劳动力在本地企业间的经常性流动也促进了劳动技能的交流，劳动力经过简单培训即可投入工作，从而使得企业对劳动力的培训成本大幅度降低；最后，农业产业集聚度较高的地区也是经济较为发达的地区，相应地生产生活设施以及公共服务的数量和质量都好于其他地方，集聚区内的生产主体可以较为容易地享受到上述的配套产品和服务，并以较低的价格从农业支撑机构及政府部门获得公共产品和服务，从而提升其利用效率。

3.2.3 优化市场竞争

竞争是市场主体在生产经营活动中不得不面对的客观现实，也是促进市场主体不断发展的不懈动力。狭义的竞争仅仅围绕市场份额展开，而广义的竞争则更多地表现在生产效率、产品质量、产品种类等方面。大量农业产业主体在特定空间集聚，不仅加剧了集聚区内不同生产主体之间的竞争，也增强了整个集聚区的竞争力，使得本地生产主体可以参与更大范围、更高层面的竞争，有利于发现商机、改善自身。在同行业企业之间的持续性竞争中，竞争优势明显的主体将获得更多的市场份额和更高的经营收益，而竞争优势不足的主体不得不承担巨大的压力和风险。农业产业集聚可以从生产成本竞争、产品价格竞争、区域品牌竞争等方面对市场竞争产生优化作用。

1. 农业产业集聚对农业生产成本竞争的影响

根据前文的分析结论可以得知，农业产业集聚对市场交易效率和农业生产效率均有提升作用，二者均可以降低集聚区内经营主体的成本。此外，农业产业集聚还可以通过促进分工协作、加快差异化竞争、实现资源共享来进一步降低经营主体的成本。

首先，农业产业集聚可以促进集聚区内相关企业分工协作。集聚区内的分工协作体系是促使企业降低生产成本、保持市场竞争力的重要基础。在集聚区内，农产品的生产、加工、运输、销售等环节均由不同的生产主体承担。这不仅提高了农业的生产效率，也延长了农业的产品链条，提升了市场竞争力。因地理位置邻近，大量同质企业可以在相互竞争的同时进行协作，互相学习、互相帮助，从而获得长足发展。

其次，农业产业集聚可以加剧集聚区内相关企业的差异化竞争。集聚区内大量同质企业的存在，促使企业进一步细分市场，并根据消费者的需求提供与其他竞争性企业有差别的个性化产品和服务。企业可以采取改变要素投入、开展科技创新、采用新的营销手段等措施来实现差异化竞争，从而达到吸引特殊群体、提高进入壁垒、提高产品价格的目的，进一步提升自身的市场竞争力。

最后，农业产业集聚可以实现资源共享。除了前文提到的公共设施服务的共享外，劳动力资源以及区域品牌资源也是重要的共享内容。大量同质企业在特定区域集聚，使得该地区聚集着大量的专业化劳动力资源。这些劳动力之间通过各种正式、非正式渠道进行着技术交流。这一方面使得企业可以很方便地获得劳动力供给，另一方面也使得企业不需要花费大量的培训费用。此外，农业产业集聚区在长期的市场运行中逐渐形成了区域品牌。区域品牌的存在本身就是当地企业竞争力的重要体现，也在一定程度上减少了这些企业的广告宣传费用。

2. 农业产业集聚对农业产品价格竞争的影响

由经济学理论可以得知，在不考虑其他因素变动造成的影响时，某一产品的市场价格主要由供给和需求决定。因此农业产业集聚对产品价格竞争的影响分析也主要从供给（产出）和需求（投入）两个方面展开：

从供给（产出）方面来看，农业产业集聚导致大量同质性企业在特定空间上集中，集聚区内容易出现恶意降价、大打价格战的现象，从而导致企业之间恶性竞争，各方损失惨重，甚至会出现产业分散、迁移的现象。但通常情况下集聚区内企业会自发形成行会、商会，对内部企业的经营行为、定价行为形成比较稳定的约束，从而在很大程度上避免了恶意竞争等现象的产生，减少损失。

从需求（投入）方面来看，农业产业集聚区对原材料以及其他中间投入的需求量很大，且因为生产同质产品，对原材料的种类、规格的需求也高度类似，因此在购买这些产品时可以通过大规模采购而获得价格优势；集聚区内产业链较为完善，前向企业、后向企业以及上游、下游企业大量存在，这些企业会提供相应的原材料或者中间投入品，从而对集聚区外的供应商形成压力，进而压低价格。

随着农业产业集聚规模的进一步扩大，其对价格竞争的影响会更加巨大。

3. 农业产业集聚对区域品牌竞争的影响

农业产业集聚依托本地优势农产品，在长期的生产经营活动中逐渐形成了区域品牌。企业通过彼此之间的合作与交流，延伸了产业链、扩充了产业领域，增强了集聚效应，进一步提高了行业整体竞争力和区域品牌实力。区域品牌的创立与发展不仅可以迅速扩大地区农产品的市场影响力和知名度，也可以实现农产品相关信息的快速传递[①]。相对于单个企业的品牌，区域品牌影响更大、传播更广、历史更久，不仅督促着集聚区内企业不断推陈出新、保证质量，也维持着企业的市场竞争优势。

3.2.4 加快科技创新

迈克尔·波特（1997）对产业集聚所包含的科技创新优势进行了详细的描述，认为产业集聚可以提升集聚区内企业创新能力的持续性，推进企业间相互学习，改进技术，提高集聚区内的竞争压力等。此外，创新环境理论、创新网络理论等也详细论述了产业集聚对科技创新的影响。农业产业集聚对农业科技创新的影响分析主要从以下两个方面展开：

1. 推动科技创新

农业产业集聚的出现将快速推动集聚区内生产主体的科技创新行为。首先，资本要素的集中是科技创新产生的重要前提，而农业产业集聚有利于形成区域品牌，从而有利于吸引风险投资者的关注，集聚区内的企业更加容易获得投资。其次，伴随着农业产业集聚，农业产业的分工体系、产业构成也不断完善和明晰，本地企业更加容易发现科技创新点，从而进一步提高产品质量、促进产业再次发展。最后，集聚区内大量同质性企业集聚，因地理位置邻近，可以较为容易地获得每个企业的要素投入信息、生产产品信息、市场价格信息等，任何企业的技术创新都会在短期内被其他企业学习和应用。这一方面导致本地企业更加容易了解该行业产品的发展趋势，从而确定产业发展方向；另一方面则会导致内部竞争压力不断上升，迫使企业推陈出新，追求市场领先地位，进而推动农业产业不断发展。

---

① 王巧玲.农业产业集聚、品牌运营及其区域品牌构建研究［D］.海口：海南大学，2017.

2. 促进科技创新成果的应用

农业产业集聚的出现和发展将不断推动科技创新的成果转化、推广和应用。首先，大量农业生产主体和支撑机构在特定地理空间集聚，高度专业化和差异化的生产不断发展，有利于实现专业化的知识和技术的积累。其次，集聚区内的劳动力之间广泛存在着正式和非正式的交流渠道。正式渠道主要包括企业组织的学习交流会、座谈会等，非正式渠道则主要包括集聚区内劳动力的日常交流等活动。这为交易信息和科学技术的传播和扩散提供了便利。再次，集聚区内各个生产主体之间经过长期分工合作而形成的合作精神、团结精神以及长期根植于本地社会网络的隐含文化，有利于促使企业之间形成利益共同体，在一定程度上打破技术壁垒，促进生产技术的传播和产品的更新，进而提升技术创新的效率。最后，科学技术在扩散过程中，其传播速度随着距离的增加而不断衰减，因此在某一地理空间上集中的优势使得农业产业集聚区在技术的传播中具有天然的优势，从而提升了技术传播的效率，不断推动农业产业集聚和农业绿色转型的良性发展。

3.3 农业产业集聚影响农业绿色发展的主要效应

前文对农业绿色发展的内涵和农业产业集聚的作用进行了详细阐述，在此基础上，本节进一步分析了农业产业集聚影响农业绿色发展的作用机制。本书认为，农业产业集聚将通过规模经济效应、设施共享效应、中间投入品共享效应、人力资源共享效应、知识溢出效应、外部性效应、社会网络效应、累积效应对农业绿色发展产生影响。

3.3.1 规模经济效应

当某一企业扩大其原有的生产规模，使得经济效益不断提高时，我们将其称为规模经济（economies of scale）。规模经济在一定程度上可以有效衡量生产活动的规模大小与经济效益二者的关系。规模经济主要包括规模内部经济和规模外部经济。其中规模内部经济主要针对单个经济实体，单个经济实体在其生产经营规模发生变化时所引起的收益增加，与外在因素关系不大；规模外部经济指的是整个行业或者整个生产部门规模变化引起单个经济实体的收益增加。由于本书主要研究农业产业集聚整体的作用，本书主要分析后者的影响。

农业产业集聚首先意味着大量农业生产企业在特定地理空间集聚。这种在空间上的集聚状态促使整个地区的农业经济发展产生规模外部经济效应，意味着大量同质企业的集中将产生比各个企业孤立分散时更多的经济效益。规模外部经济对农业绿色发展具有完全相反的两种作用：一方面，规模外部经济可以提升企业经济效应，这有利于农业产出的持续增长；随着经济效应的增长，企业可以有足够的资金和动力去引进最新设备、采用绿色生产技术、加大排污治污投资，从而提升绿色生产效率、减少污染排放。但另一方面，当农业生产规模超过某一特定限度时将产生规模不经济现象，即当该地区农业产业集聚的规模过大时，整个地区的农业将会出现生产规模扩大、产量增长的现象，农业劳动力、原材料、基础设施、生产设备等要素的投入供应趋于紧张，导致单个生产企业的生产成本急剧上升、交通拥挤、污染排放加剧，经济效益不断下降，从而阻碍了农业绿色发展的进程。

3.3.2 设施共享效应

农业产业集聚有利于基础设施共享。基础设施建设水平既是产业在选择集聚地区时的重要考虑因素，也是产业在该地区集聚后产生的外部经济性。在集聚区内，农业企业、农民以及支撑机构可以共享交通、能源、治污、创新以及其他有利于生产生活的公共设施。这一方面增加了基础设施的使用频率，有利于提高基础设施的有效利用率；另一方面也减少了单个企业自己建设这些设施的费用，有利于企业的科技创新，从而有利于增加产出，减少污染排放量。

共同使用生产生活设施可以使企业以较低的平均成本享受到较为全面的设施服务。随着农业产业集聚的进一步加快，现有企业对自然因素的依赖性逐步降低，对交通、运输、电力等基础设施的依赖性不断增强。随着农业面源污染的进一步加剧，农产品生产环境受到严重威胁。为了进一步加强对农业面源污染排放的控制与防治，不断提升农村生态环境水平，改善环境质量，国家对农业化学品投入、耕种、禽畜养殖等方面的环保要求不断提高，消费者对农产品数量、质量的要求也在日渐提升。为了达到这些要求，企业、农户应当对原有的基础设施进行维护、更新，并购买和安装相应的排污治污设施，用于治理生产生活中产生的污染物。但无论是维护旧设施还是更新新设施，成本巨大，单个企业、农户均无法承担，即使可以承担也会严重影响企业的正常发展。如果集聚区内大量企业经过沟通后共同均摊这些费用，一方面使得各自承担的成本大幅度减少，节省出的部分可用于企业的再生产，提高企业参与污染治理的热情；另一方面也可以提高这些设施的有效利用率，最大程度实现农业面源污染的减排与防治。进一步来看，在集聚区内，农业企业也可以进一步协商合作，对生产活动产生的废弃物进行再次利用，将其转化为具有利用价值的生产资料，进一步降低生产成本、加强污染治理，促进农业绿色发展。

3.3.3 中间投入品共享效应

农业产业集聚有利于实现中间投入品共享。在农业产业集聚区内，企业、农户、支撑机构之间通常情况下都具有上下游关系。前者生产的产品一般是后者生产所需的原材料。农业产业集聚带来的中间投入品共享对农业绿色发展的影响包括以下三个方面：

首先，在集聚区内，由于地理位置邻近，中间投入品从供给方到需求方的运输距离大大缩短，上下游企业可以在短期内实现中间投入品的传递。这一方面可以减少中间投入品在运输途中对能源的消耗、降低物流运输成本，使下游企业可以迅速将中间品投入生产，缩短企业生产周期；另一方面也大大减少了中间投入品的仓储、打包装卸、搬运转移等流程，从而降低了生产成本、缩短了生产周期。

其次，因集聚区内存在大量的同质企业，对中间产品的需求量巨大，受规模生产和近距离运输的影响，集聚区内的上游企业生产的中间产品在价格和质量上更加具有吸引力，使得需求量进一步扩大，从而形成良性循环。在此循环过程中，上游企业出于进一步扩大生产经营规模的考虑，将采用比之前更加先进和高级的生产技术与设备，从而大大降低了生产中间产品的资源投入，提升了企业的经营效率，减少了生产过程中的资源浪费和污染排放。与此同时，因生产经营规模扩大，企业有足够的资本来对排污去污设施进行改造、引入更加先进绿色的生产技术、加大科研投入，增加企业的产出，提升企业自身的环保意识、环保能力。

最后，因中间产品的大规模贸易往来，无论是上游企业还是下游企业，都可以互相学习对方的生产技术、管理模式、经营策略、战略定位等，从而带动整个产业的转型升级，有利于整个集聚区农业的绿色转型发展。

3.3.4 人力资源共享效应

农业产业集聚有利于劳动力资源共享。农业相关产业及支撑机构在特定地区集聚形成了一个大规模、多层次、专业化的人才需求市场，相应地促进了人才供给市场的产生与扩大，吸引着数量巨大、层次丰富、专业化强的人才在此集中，保证了专业化劳动力的稳定供给。

在此背景下，农业产业集聚将从以下两个方面通过共享劳动力资源对农业绿色发展产生影响：

一是，产业集聚有利于提高劳动力的工作技能，促进劳动力投入要素和能源要素的生产率提升，实现产出增长、污染下降的双重目的。在集聚区，企业可以较为便捷地获得稳定、对口、专业化的劳动力供给。这有利于企业劳动力资本的累积，避免因劳动力数量不足或技能较低而出现产出下降的情况，对劳动力资源的合理配置可以促进劳动力资源的产出更加高效。

二是，在企业生产总成本一定的基础上，劳动力成本降低有利于增加设备、科研经费投入，进一步减少资源投入、减少污染排放。在集聚区内，随着农业产业集聚度的进一步提高，劳动力市场不断扩大和丰富。这不仅意味着相当数量的多层次的人才在本地集聚，也意味着本地劳动力成本会出现降低现象，从而为企业投资于设备更新、科技创新创造了资金空间。二者都有利于改善企业的要素投入结构、生产结构、产品结构，从而实现产出增加、效率提升与节能减排。

3.3.5 知识溢出效应

Alfred Marshall（1920）明确提出了产业集聚可以促进知识快速传播，即知识溢出效应。这意味着农业产业集聚可以促进绿色生产技术、污染治理技术等在集聚区内快速传播与运用，从而加快整体技术改造与升级进程，最终实现产出增长、生产效率提升和污染减少。

技术创新，尤其是绿色生产技术创新，会逐步减少生产活动中能源要素的使用量，使得农业企业实现由粗放型向集约型、由资源依赖型向资本科技依赖型转变。知识溢出效应对农业绿色发展的作用主要体现在以下两个方面：一方面，大量农业相关产业在特定地理空间上集聚分布，形成了一个基础设施要素、资本要素、人才要素、技术要素都相对集中的良好的外在环境，十分有利于生产技术、经营方式、管理模式等方面创新行为的产生，因此农业产业集聚对技术创新具有明显的促进作用；另一方面，农业产业集聚可以促进技术创新的传播与运用。技术创新的传播效率会随着地理距离的增加而逐渐衰弱。集聚区内，农业企业之间大多存在上下游关系或者竞争与合作的关系，企业员工也存在各种正式与非正式的交流，因此新技术可以快速传播。与此同时，集聚区大量同质企业竞争激烈，一旦新的技术被发明和使用，其他企业为了保持在市场上的竞争力，会通过自身研发或者购买技术的方式迎头赶上，因此农业产业集聚分布将比分散分布更加有利于创新技术的快速扩散。集聚区内整体技术水平的提升将进一步促进资源利用率、劳动生产率的提升，减少污染排放。

3.3.6　外部性效应

外部性（externality）指的是，经济主体（包括厂商或个人）的经济活动对他人和社会产生的非市场化的影响，意味着经济主体在从事经济活动时其成本与后果不完全由该行为人承担。农业产业集聚将会产生技术外部性。技术的正负外部性对农业绿色发展的影响主要体现在以下两方面：

一是，随着农业产业集聚的发展，集聚区内和集聚区外的市场竞争会日益激烈，竞争的内容也不断丰富，除了最初的价格外，农产品的质量问题也日益受到关注。因此，理性的农业生产主体会倾向于通过技术创新来提升企业的市场竞争力，巩固其在市场上的优势地位。在这期间，企业的生产经营规模不断扩大，资金充足，可以为科研人才提供优良的工作环境，为科技创新提供大量的资金支持，从而吸引着大量科研机构、高校入驻集聚区，进一步推动生产技术的提升和产出增长，形成良性循环。在此背景下，集聚区内无论是行业间还是企业间的技术外部性都有利于提升农业产业的绿色生产率，发挥技术优势处理污染物，从而促进产出增长，有效控制污染。

二是，因市场经济存在盲目性和滞后性的缺点，农业生产主体出于利益最大化的考虑，对偏重于生态环境友好的绿色技术的重视程度较低，使得技术创新无法对农业绿色发展产生足够的推动作用。除此之外，现代化科技的运用也会对生态环境产生不同程度的破坏，从而对生态环境产生不利影响。

3.3.7　社会网络效应

农业产业集聚根植于本地社会网络，使得农业产业集聚具有强烈的社会网络效应。

因地理位置邻近且长期扎根于该地区，集聚区内的生产主体已经形成一个联系密切、合作与竞争共存的社会网络，在社会网络中已经形成了隐形的制度约定，不仅有利于降低信息壁垒、减少交易成本、提高合作成功率，也有利于强化生产主体之间的模仿能力。尤其是在农业生产集中的地方，农户与农户之间会产生较为明显的相互影响。农户坚持传统的对环境不利的生产方式或者采用绿色环保、改善环境的生产方式，均会通过农业产业集聚产生的社会网络效应对周边农户产生影响，最终这种影响也会波及农业绿色发展进程。

3.3.8　累积效应

累积效应最初来自环境影响评价，指的是某种活动在短期内对环境产生的影响可能会因为不明显而被忽视，但是随着多项活动或活动的多次重复叠加，这种影响在长时间、大空间范围内是十分显著的。累积效应主要表现为显著的负环境外部性。

农业产业集聚这一经济现象的产生表明集聚区内大量同质性农业生产活动可以以协同的方式进行，产生污染的生产活动将出现结合或者叠加现象，导致污染物排放的频率和密度不断增加，在污染处理、防治不及时到位的情况下，有可能会进一步加剧农业污染。随着农业产业的进一步集聚，累积效应会日益凸显，相应地污染也会进一步加剧。

3.4　本章小结

本章首先基于农业绿色发展的概念，对农业绿色发展的内涵进行了分析，认为农业绿色发展具有农业产出增长、绿色生产效率提升、生态环境良好三个重要内涵，并分别分析了这三个内涵的重要意义。其次，本章对农业产业集聚的作用进行了理论分析，认为农业产业集聚可以促进市场交易活动、提高农业产出、优化市场竞争和推动科技创新。最后，农业产业集聚将通过规模经济效应、设施共享效应、中间投入品共享效应、人力资源共享效应、知识溢出效应、外部性效应、社会网络效应、累积效应对农业绿色发展产生影响，从而为下文的实证分析奠定基础。

4 我国农业产业集聚的测度
与时空分异

在第 3 章关于农业绿色发展的概念界定、基本内涵以及农业产业集聚对农业绿色发展影响机制的分析基础上，本章将结合我国农业发展的区域异质性特征，根据统计数据的可获得性和指标的连续性，参考现有专家学者的做法，运用区位熵指标来测算我国 30 个省份 1990—2016 年的农业产业集聚度。本章从横向和纵向两个角度出发对农业产业集聚度展开区域比较分析，以明确我国各个区域、省份的农业产业集聚现状。

4.1 农业产业集聚指标选择

纵观现有文献，学者在衡量产业空间集聚程度时通常会选用以下指标：赫希曼—赫芬达尔指数（H 指数）、空间基尼系数（Gini 系数）、行业集中度指数（CRn）以及区位熵（LQ）。这几个指标各有特点，其中赫希曼—赫芬达尔指数（H 指数）在测算产业空间集聚程度上具有其他指数没有的优势，但对数据的要求较高，数据应当是企业层面的微观数据，数据获取的困难较大。空间基尼系数（Gini 系数）可以较好地测算和比较短期内产业分布在不同区域间的平衡性，但如果研究过程中研究对象的时间较长，其系数的精度也会下降。行业集中度指数（CRn）处理方法简单，其数据要求也比较容易实现，但无法显示产业集聚在空间上的布局。相比之下，区位熵指数（LQ）可以较为真实地反映经济活动在地理空间上的分布状况，消除地区之间的规模差异，因此，基于对农业产业集聚研究的需要和区域数据的可得性，本书参照贾兴梅和李平（2014）的做法，选用区位熵指数来测度农业产业集聚。区位熵指数（LQ）的计算公式如式4-1所示。

$$LQ_{ij} = (a_{ij}/gdp_{ij})/(A_j/GDP_j) \tag{4-1}$$

其中，LQ_{ij} 为 i 省在 j 年的农业产业区位熵指数，a_{ij}、gdp_{ij} 分别为 i 省在 j 年的农业生产总值与地区生产总值，A_j、GDP_j 分别为 j 年全国农业生产总值与国内生产总值。LQ_{ij} 数值越高代表农业产业集聚度越高，数值越低代表农业产业集聚度越低。进一步来看，在通常情况下，如果 $LQ_{ij} = 1$，则表明 i 省在 j 年的农业产业集聚度刚好位于全国平均水平；如果 $LQ_{ij} > 1$，则表明 i 省在 j 年的农业产业集聚度高于全国平均水平；如果 $LQ_{ij} < 1$，则表明 i 省在 j 年的农业产业集聚度低于全国平均水平。

4.2 我国农业产业集聚度的测算

改革开放以来，随着我国农业基础设施不断完善、科学技术不断提升、财政投入持续增加，农业作为国民经济的基础，其发展水平迅速提高。相应地，农业产业的空间集聚性也日益凸显。根据前文给出的区位熵指数（LQ）计算公式，笔者计算了1990—2016年我国30个省份的农业产业区位熵系数，见表4-1。此处仅列出各个地区在1990年、1994年、1998年、2002年、2006年、2010年、2014年、2016年的农业产业集聚度。

表4-1　1990—2016年主要年份我国30个省份的农业产业集聚度

地区	1990年	1994年	1998年	2002年	2006年	2010年	2014年	2016年	均值
北京	0.32	0.35	0.25	0.16	0.11	0.09	0.08	0.06	0.18
天津	0.32	0.32	0.32	0.28	0.24	0.16	0.14	0.14	0.25
河北	0.94	1.04	1.06	1.16	1.26	1.24	1.28	1.27	1.14

表4-1（续）

地区	1990年	1994年	1998年	2002年	2006年	2010年	2014年	2016年	均值
山西	0.69	0.73	0.74	0.62	0.51	0.60	0.67	0.70	0.63
内蒙古	1.30	1.54	1.63	1.40	1.18	0.93	1.00	1.06	1.27
辽宁	0.59	0.65	0.78	0.79	0.94	0.88	0.87	1.14	0.81
吉林	1.08	1.39	1.57	1.38	1.42	1.20	1.20	1.19	1.30
黑龙江	0.83	0.98	0.93	0.89	1.07	1.24	1.89	2.03	1.14
上海	0.16	0.12	0.12	0.11	0.08	0.07	0.06	0.05	0.10
江苏	0.92	0.83	0.80	0.77	0.64	0.61	0.61	0.62	0.73
浙江	0.92	0.84	0.72	0.63	0.53	0.49	0.48	0.49	0.64
安徽	1.38	1.14	1.50	1.60	1.51	1.39	1.25	1.23	1.41
福建	1.04	1.11	1.04	1.08	1.06	0.92	0.91	0.96	1.03
江西	1.51	1.67	1.39	1.59	1.47	1.27	1.17	1.20	1.44
山东	1.04	1.01	0.97	0.98	0.88	0.91	0.88	0.85	0.96
河南	1.29	1.24	1.40	1.55	1.49	1.40	1.30	1.24	1.36
湖北	1.29	1.34	1.15	1.22	1.35	1.33	1.27	1.31	1.28
湖南	1.38	1.58	1.47	1.49	1.56	1.44	1.27	1.33	1.47
广东	0.91	0.82	0.72	0.56	0.53	0.49	0.51	0.53	0.63
广西	1.45	1.45	1.72	1.72	1.96	1.73	1.68	1.78	1.70
海南	1.65	1.64	2.13	2.68	2.97	2.59	2.52	2.73	2.32
重庆	1.23	1.31	1.19	1.15	0.98	0.86	0.81	0.86	1.08
四川	1.33	1.50	1.50	1.58	1.65	1.43	1.35	1.39	1.52
贵州	1.42	1.76	1.79	1.64	1.51	1.35	1.51	1.83	1.59
云南	1.37	1.21	1.30	1.48	1.69	1.52	1.69	1.73	1.48
陕西	0.96	1.03	1.17	0.98	0.93	0.97	0.97	1.02	1.00
甘肃	0.97	1.15	1.32	1.27	1.32	1.44	1.44	1.60	1.29
青海	0.93	1.18	1.08	0.96	0.97	0.99	1.02	1.00	1.00
宁夏	0.96	1.11	1.22	1.02	0.99	0.93	0.86	0.89	0.99
新疆	1.47	1.43	1.48	1.38	1.56	1.96	1.81	2.00	1.57

4.3 我国农业产业集聚度的空间差异

在对我国农业产业集聚度进行测算之后，参考 Ellision 和 Glaeser（1994）的经典做法，同时考虑我国农业发展的实际情况，本书将农业产业集聚度进一步划分为三个类型：当 $0 < LQ_{ij} \leq 1$ 时，代表农业产业低度集聚；当 $1 < LQ_{ij} \leq 1.5$ 时，代表农业产业中度集聚；当 $LQ_{ij} > 1.5$ 时，代表农业产业高度集聚。

在农业产业集聚度的空间差异性方面，由表 4-1 可以看出，海南、广西、贵州、新疆、四川 5 个省份的农业产业区位熵均值大于 1.5，长期处于高度集聚状态。海南省农业集聚度高，主要是因其特殊的自然环境。1990—2016 年海南省区位熵均值为 2.32，高于全国平均水平，区位熵最小值为 1992 年的 1.33，最大值为 2006 年的 2.97。广西农业产业区位熵均值为 1.70，最小值为 1.45（1990 年和 1994 年），最大值为 1.98（2007 年）。贵州农业产业区位熵均值为 1.59，最小值为 1.27（2011 年），最大值为 1.88（1997 年）。新疆农业产业区位熵均值为 1.57，最小值为 1.30（1993 年），最大值为 2.00（2016 年）。四川农业产业区位熵均值为 1.52，最小值为 1.2（2013 年），最大值为 2.00（1996 年）。

云南、湖南、江西、安徽、河南、吉林、甘肃、湖北、内蒙古、黑龙江、河北、重庆、福建、青海、陕西 15 个省份的农业产业区位熵均值介于 1 和 1.5 之间，表明这些省份的农业长期处于中度集聚状态。这些省份绝大部分位于中部和西部地区，东部和东北地区较少。其中，云南农业产业区位熵均值最高，为 1.48，最小值为 1.21（1991 年），最大值为 1.73（2016 年）。青海、陕西的农业产业区位熵均值最低，仅为 1.00，二者的最小值分别为 0.92（2003 年）、0.91（2005 年），最大值分别为 1.18（1995 年）、1.17（1998 年）。

宁夏、山东、辽宁、江苏、浙江、山西、广东、天津、北京、上海 10

个省份的农业产业区位熵均值均低于1，表明这些省份的农业长期处于低度集聚状态。这些省份绝大部分位于东部地区。其中宁夏农业产业区位熵均值最高，为0.99，最小值为0.84（2012年），最大值为1.22（1998年）。上海农业产业区位熵均值最低，为0.98，最小值为0.05（2016年），最大值为0.16（1990年）。

进一步地，本书采用变异系数法来测度我国农业产业集聚的地理分布差异，变异系数法的公式如式4-2所示。

$$C_j = \frac{\sqrt{\sum_{i=1}^{n} (x_i - \bar{x})^2}}{\bar{x}} \tag{4-2}$$

其中，C_j为我国农业产业集聚度的变异系数，x_i表示第i个地区的农业产业集聚度，$\bar{x}$代表所有地区农业产业集聚度的平均值。根据该公式，本书计算了我国1990—2016年农业产业区位熵变异系数，并绘制了变异系数的变动图，如图4-1所示。

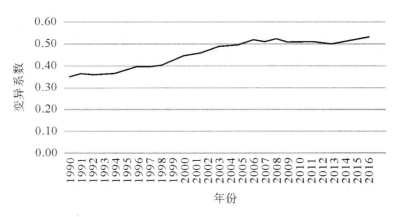

图4-1 1990—2016年我国30个省份的农业产业集聚度变异系数

由图4-1可以看出，1990—2016年我国农业产业区位熵变异系数主要分为四个阶段。具体来看，第一阶段为1990—1994年，在该阶段变异系数保持平稳、变化较小，由1990年的0.35增长至1991年的0.36，之后持续保持这一水平直到1994年；第二阶段为1995—2006年，在该阶段变异系数缓慢上升，由1995年的0.38一路上升到2006年0.52；第三阶段为

2007—2011 年，在该阶段变异系数再次保持平稳，长期处于 0.51 左右的水平；第四阶段为 2012—2016 年，在该阶段变异系数再次上升，由 2012 年的 0.50 上升为 2016 年的 0.53。由历年区位熵数据可知，1990 年以来我国农业产业集聚度呈波动趋势，先上升后下降，之后再次提高，在此过程中，1990 年最低，仅为 0.35，2016 年最高，达到 0.53。

总体来看，我国地域广阔，自然环境复杂，造成农业集聚在空间上呈现严重的不平衡状态，呈现西部地区、中部地区集聚度较高的空间特征。

4.4 我国农业产业集聚度的时序差异

就农业产业高度集聚的地区来看，海南、广西、贵州、新疆、四川 5 个省份的农业产业集聚度均呈现出先增长、后降低、再增长、再降低、再增长的趋势，总体呈波动性上升态势。如海南的农业产业集聚度在 1990—1991 年上升、在 1991—1992 年下降、在 1992—2006 年再次快速上升、在 2006—2013 年再次下降、在 2013—2016 年再次上升，其农业产业集聚度从最初的 1.65 上升到 2.73。广西的农业产业集聚度在 1990—1992 年上升、在 1992—1993 年下降、1993—2007 年再次上升、2007—2013 年再次下降、2013—2016 年再次上升，其农业产业集聚度从最初的 1.45 上升到 1.78。贵州的农业产业集聚度在 1990—1997 年缓慢上升、1997—2013 年不断下降、2013—2016 年再次上升，其农业产业集聚度从最初的 1.42 上升到 1.83。新疆的农业产业集聚度总体呈现没有规律的波动性上升趋势，其农业产业集聚度从最初的 1.47 上升到 2.00。以上 4 个省份的农业在绝大部分时间里都处于高度集聚状态。而四川的情况更加复杂，在 1990—1996 年不断上升、1996—1998 年急剧下降、1998—2007 年再次上升、2007—2013 年再次下降、2013—2016 年再次上升，其农业产业集聚度从最初的 1.33 上升到 1.39，逐渐从高度集聚状态进入中度集聚状态。

就农业产业中度集聚区域而言，1990—2016 年，黑龙江、云南、甘肃

3 省的农业产业集聚度分别由 1990 年的 0.82、1.37、0.97 上升到 2016 年的 2.03、1.73、1.60，呈现出波动较大但总体上升的变化态势，分别由 1990 年的低度集聚、中度集聚、低度集聚状态进入到 2016 年的高度集聚状态。湖北、吉林、陕西、青海、河北的农业产业集聚度呈波动性上升趋势，但增幅较小，其中湖北、吉林分别由 1990 年的 1.29、1.08 上升到 2016 年的 1.31、1.18，长期处于中度集聚状态；陕西、青海、河北分别由 1990 年的 0.96、0.93、0.94 上升到 2016 年的 1.02、1.00、1.27，由原先的低度集聚状态进入中度集聚状态。湖南、河南、安徽、江西、内蒙古、福建、重庆的农业产业区位熵系数呈波动性下降趋势，但其中湖南、河南、安徽、江西、内蒙古下降幅度很小，分别由 1990 年的 1.38、1.29、1.38、1.51、1.30 下降到 2016 年的 1.33、1.24、1.23、1.20、1.06，长期处于中度集聚状态；福建、重庆分别由 1990 年的 1.04、1.23 下降到 2016 年的 0.96、0.86，由中度集聚状态降为低度集聚状态。

就农业产业低度集聚区域而言，除辽宁、山西 2 省的农业产业集聚度呈现上升态势外，其余 8 个省份都呈现下降态势。其中，辽宁、山西 2 省的农业产业集聚度呈现出波动性上升趋势，分别由 1990 年的 0.59、0.69 上升到 2016 年的 1.14、0.70，且辽宁由低度集聚状态进入中度集聚状态，山西则长期处于低度集聚状态；北京、上海、天津、浙江、江苏、广东、宁夏、山东 8 个省份的农业产业集聚度呈现总体快速下降趋势，分别由 1990 年的 0.32、0.16、0.32、0.92、0.92、0.91、0.96、1.38 下降到 2016 年的 0.06、0.05、0.14、0.49、0.62、0.53、0.96、0.85，除山东由中度集聚状态转入低度集聚状态外，其余省份长期处于低度集聚状态。

4.5 本章小结

本书对我国 30 个省份 1990—2016 年农业产业区位熵进行了测算和分析，结果表明我国农业产业集聚现象逐渐产生且这种趋势在不断加强，但区域之间差异程度不断扩大。西部地区受自然条件影响，其农业集聚程度明显高于其他区域。海南、广西、贵州、新疆、四川农业产业集聚存在进一步增长的空间，其农业经济发展的潜力巨大。黑龙江、云南、甘肃、湖北、吉林、陕西、青海、河北、陕西、青海、河北、辽宁、山西等省份的农业产业集聚度在近30年进一步提升，但其余省份的农业产业集聚度都出现了不同程度的降低现象。农业产业集聚主要受地理区位、自然条件、农业基础设施、科学技术以及区域经济发展水平的影响，众多因素共同作用导致我国农业产业集聚表现出明显的区域分布差异。

5 农业产业集聚对农业产出增长的影响

5.1 引言

农业作为国民经济发展和社会进步的重要基础，不仅为我国 14 亿人口提供粮食，也为其他行业提供宝贵的原材料、资金和劳动力，是中国特色社会主义市场经济持续发展的重要基础。实现农业经济的可持续发展、保持农业产出稳定增长，是实现农业绿色发展的重要组成部分。新中国成立以来，党和政府十分重视农业生产，先后出台了一系列有利于农业发展的政策，大幅度提高了农民的生产积极性，农业生产取得了举世瞩目的成绩。但近年来，我国农业发展面临的不利因素日渐突出，国际市场上农产品价格不断下降，影响了我国的农产品出口，国内农业资源供给有限、农业环境恶化，导致粮食产量有所下降。2018 年我国农业增加值为 64 734 亿元，比 2017 年增长 3.5%，但全年粮食产量 65 789 万吨，比上年减少 371 万吨，减产 0.6%①。如果放任这种情况发展下去，我国农业发展的形势将进一步恶化，粮食安全将得不到有效保证。

自党的十八大以来，习近平总书记多次在不同场合强调促进农业增

① 中华人民共和国国家统计局. 中华人民共和国 2018 年国民经济和社会发展统计公报 [J]. 中国统计，2019 (3)：8-22.

长、保障粮食安全的重要性，明确提出"中国人的饭碗应当端在自己手上，只有立足粮食基本自给，才能掌握粮食主动权，进而才能掌控经济社会发展大局"①。因此，如何尽快转变农业发展方式，保证农业生产稳定增长、实现绿色转型，是我们应当考虑和解决的问题。在当前农业生产成本不断上涨、农业资源环境约束趋紧的形势下，促进农业产业集聚发展，是转变农业发展方式、推动农业和农村经济结构优化、延伸农业产业链的重要抓手。中国农业产出的现状如何？农业产业集聚对农业产出增长的影响究竟具有什么特点？明晰二者之间的关系，对于促进农业产出持续增长、推动农业经济实现绿色转型具有重要价值和现实意义。

根据现有文献，研究产业集聚的相关成果主要集中于第二产业或者制造业（年猛，2018），对农业产业集聚及其对农业产出增长的研究较少。就国外来看，Winsberg（1980）研究了美国农业产业集聚的发展现状以及对经济的影响，研究结果表明美国农业产业的集聚化十分明显，也显著地推动着农业经济的发展。Montiflor 等（2009）分析了菲律宾南部棉兰老岛蔬菜产业集聚的增长效应，发现通过对蔬菜产业的集约性经营，蔬菜产量出现增长，农民的收入状况也得到改善。Dorosh 和 Thurlow（2012）研究了撒哈拉以南的乌干达地区农业产业集聚与农业经济增长、农民收入之间的关系，结果表明农业产业集聚对二者均会产生明显的提升作用。Qian 等（2014）以农产品加工业中食品、烟草、木材等子行业为研究对象，分析了这些行业的集聚现象对生产力增长的贡献度。

就国内来看，国内学者主要研究了蔬菜产业集聚对农业产出的影响，如刘中会和刘力臻（2009）研究了寿光蔬菜产业集聚对农业产出的影响，并从理论层面分析了蔬菜产业集聚通过社会资本渠道影响农业产出的过程。黄海平等（2010）从专业化分工的角度研究了农业产业集聚所产生的优势，并以寿光蔬菜产业为例分析了农业产业集聚对蔬菜产业的影响。吕超和周应恒（2011）以我国蔬菜产业为研究对象，研究蔬菜产业集聚对蔬菜产业经济增长的影响，结果表明蔬菜产业集聚会通过吸引要素增加、改

---

① 本报评论员. 中国人的饭碗要端在自己手上 [N]. 人民日报, 2014-01-07 (1).

善农业结构等渠道推动蔬菜产业的增长。王艳荣和刘业政（2012）研究了安徽四大农业产业集聚区农业产业集聚与农业产出之间的关系，研究结果表明农业产业集聚对农业产出会产生显著的提升作用，但这种提升作用小到可以忽略不计。邓宗兵等（2013）进一步测算了我国种植业的地理集聚度，并基于 C-D 模型分析了种植业的集聚效应，发现产业集聚对种植业的成长具有显著的正向作用，但作用较小。

综合以上分析可以得知，学术界对农业产业集聚的重视程度有所不足，现有研究农业产业集聚影响农业产出的文献较少；在仅有的文献中，其研究内容主要为蔬菜产业以及蔬菜产业集聚对该产业的增长以及农民收入的影响，但是农业生产类型丰富多样，除了种植业还包括林业、牧业、渔业，针对某一子行业集聚的研究结论对政策启示的意义不大。此外，考虑到区域、省市之间农业开发历史、产业结构、科技研发、基础设施等方面的巨大差异，农业产业集聚对农业产出的影响在各个区域可能具有不同的特点，如何更好地提升农业生产能力、保障粮食安全，值得我们做进一步研究。基于以上背景，本书从理论层面出发，分析了农业产业集聚影响农业产出增长的作用机制并进一步提出相关的理论假说，在此基础上选取我国外 30 个省份 1990—2016 年的数据，基于改进的 Cobb-Douglas 函数，检验了农业产业集聚对农业产出增长的影响机制及其影响大小，希望为政府部门制定相关政策提供具有针对性和实用性的政策建议。

5.2 研究假说与模型设定

5.2.1 研究假说

在理想状态下，农业生产受当期劳动力要素、资金要素、土地要素以及其他相关因素的影响，农业产出会随着这些影响因素的变化相应地产生瞬时变化，前期的农业生产不存在滞后性。但这种情况属于理想状态，与现实情况存在较大不同，前期的农业生产，尤其是前期在农业生产中积累的农业科技，会对当期的农业技术研发、推广、使用产生积极影响（蒙大斌 等，2016），相应地对农业产出也会产生能动作用。所以，前期的农业生产水平会对当期的农业生产产生重要影响，也就是所谓的动态延续性。基于以上分析，提出本章第一个研究假说：

假说5-1：当期的农业产出增长可能会受到前期农业产出增长状况的影响。

根据前文的理论分析，农业产业集聚在不同的阶段，对农业产出具有不同的影响。在农业产业集聚的初期，集聚区内大量农业企业快速集中，一方面将形成区域品牌，提升区域整体的竞争力，扩大该地区农产品的市场份额，激发生产者的热情；另一方面，大量农业产业在特定地理空间集聚，因生产生活设施的高效共享利用、中间投入品的快速运输、丰富的劳动力资源、科技知识溢出、社会网络联系等，农业生产会降低平均成本、提升生产效率，从而获得比之前各个企业孤立分散时更多的经济效益，因此在这个阶段，农业产业集聚将推动农业产出的增长。当农业生产规模超过某一特定限度时，区域内农业产业集聚的规模过于庞大，虽然整个地区的生产规模在扩大，农业产出在一定程度上有所增长，但是农业产出的边际增长量不断减少，原因是过度集聚导致了农业生产投入要素的价格急剧增长，劳动力、土地、资金、原材料、生产生活设施、生产设备等的供给日渐紧张。此外，集聚区内交通日益拥挤，生态环境进一步恶化，单个生产企业的生产成本居高不下，打击了农业生产主体的积极性，可能会导致农业产出下降。基于以上分析，提出本章第二个研究假说：

假说5-2：农业产业集聚可能会对农业产出增长产生一定影响，而且这种影响可能是非线性的。

与工业、服务业相比，农业生产活动具有很强的地域性。所谓的地域性，指的是农业生产活动所需的自然条件、开发历史、社会经济、科学技术等方面存在的地域性差异。我国幅员辽阔，东西跨经度有六十多度，跨了五个时区，南北跨纬度近五十度，我国不同区域的地理位置、地形地貌、降水量、阳光照射等自然条件和农业生态环境均存在极大的差异，从而导致各地具有发展不同类型农业的优势。这些差异导致农业产业集聚所处的阶段及其对农业产出的影响也各具特色。一般情况下，在经济发展较好、农业集聚较为合理的地方，其农业生产基础设施、农业科技创新水平、劳动力质量、市场需求等均具有较强优势，在这些因素的作用下，农业产业集聚可能对农业产出主要产生促进作用；在经济发展较差、农业集聚不太合理的地方，其基础设施较差、科技水平较低、农业劳动力综合素质较差，对农业生产产生不利影响，在这些因素的作用下，农业产业集聚可能对农业产出主要产生阻碍作用。此外，农业具有明显的弱质性，乔恒等（2015）也指出，经济发展较好的地区，其农业生产率也较高，其中一个重要的原因是，这些地区可以有效应对自然状况变动带来的负面影响，从而最大程度减少自然灾害对农业生产的损害。基于以上分析，本书提出第三个研究假说：

假说5-3：农业产业集聚对农业产出增长的影响具有区域异质性。

5.2.2 模型设定

为了有效测算农业产业集聚对农业产出的提升作用，本书参考范剑勇（2006）、陈建军和胡晨光（2008）的做法，通过对 Cobb-Douglas 经典生产函数进行改进来刻画农业生产经营过程。Cobb-Douglas 经典生产函数的公式为 $Y_t = AK_t^\alpha L_t^\beta$，结合本书的需求，本书将该生产函数扩展为

$$Y_{it} = G(\mathrm{AGC}_{it}, \ \mu_i, \ \nu_t, \ \varepsilon_{it}) K_{it}^\alpha L_{it}^\beta F_{it}^\delta \tag{5-1}$$

式中，Y_{it} 表示 i 地区第 t 期的农业生产总值；G 代表内生化 A 的函数，括号内的变量 AGC_{it}、μ_i、ν_t、ε_{it} 分别为农业产业集聚度、个体效应、时间效应与随机干扰项；K_{it}、L_{it}、F_{it} 分别表示 i 地区第 t 期的资本投入量、劳动力投入量和土地投入量；α、β、δ 分别表示资本投入量、劳动力投入量、土地投入量在农业生产过程中的相对重要性，其中 α 为资本投入产生的农业所得在总产量中所占的份额，β 为劳动力投入产生的农业所得在总产量中所占的份额，δ 为土地投入产生的农业所得在总产量中所占的份额，且 $\alpha + \beta + \delta = 1$。为了简化流程，本书把 $G(\cdot)$ 假定为指数函数。考虑到要检验农业产

业集聚对农业产出增长的影响是否为线性，本书加入农业产业集聚变量的平方项和立方项，对式5-1进行重新设定，结果如下：

$$Y_{it} = e^{(a_1 \text{AGC}_{it} + a_2 \text{AGC}_{it}^2 + a_3 \text{AGC}_{it}^3 + \mu_i + \nu_t + \varepsilon_{it})} K_{it}^{\alpha} L_{it}^{\beta} F_{it}^{\delta} \tag{5-2}$$

应该明确的是，式5-2潜在地假设，农业产业集聚将实时地对农业产出增长产生影响，完全不存在滞后性，Y_{it}实质上为农业经济达到最佳状态时期的Y_{it}'。进一步地，本书将Y_{it}'代替式5-2的Y_{it}，并对式5-2等式两边同时进行对数化处理，从而得到式5-3：

$$\ln Y_{it}' = a_1 \text{AGC}_{it} + a_2 \text{AGC}_{it}^2 + a_3 \text{AGC}_{it}^3 + \alpha \ln K_{it} + \beta \ln L_{it} + \delta \ln F_{it} + \mu_i + \nu_t + \varepsilon_{it}$$
$$\tag{5-3}$$

以上仅仅是农业生产在理想状态下的结果，但在实际的经济活动中，受到种种因素的影响，农业产业集聚极少能使得农业产出达到最优状态，与此相反，农业产业集聚将推动农业产出沿着原先的局部调整轨迹趋向最优增长，因此相应的调整关系如式5-4所示。

$$\ln Y_{it} - \ln Y_{it-1} = (1 - \text{adj}) \times (\ln Y_{it}' - \ln Y_{it-1}) \tag{5-4}$$

式中，$\ln Y_{it} - \ln Y_{it-1}$代表当期农业真实产出与滞后期农业真实产出之间的差额；$\ln Y_{it}' - \ln Y_{it-1}$代表当期农业生产最优产出与滞后期农业真实产出之间的差额；$1 - \text{adj}$代表调整系数，介于0和1之间，越接近1说明农业生产越接近理想状态，农业真实产出也越接近于最优产出。在此基础上将式5-4代入式5-3可以得到本书的基础模型1，见式5-5。

$$\ln Y_{it} = \text{adj} \ln Y_{it-1} + c_1 \text{AGC}_{it} + c_2 \text{AGC}_{it}^2 + c_3 \text{AGC}_{it}^3 +$$
$$c_4 K_{it} + c_5 L_{it} + c_6 F_{it} + \mu_i' + \nu_t' + \varepsilon_{it}' \tag{5-5}$$

其中，$c_1 = a_1 \times (1 - \text{adj})$；$c_2 = a_2 \times (1 - \text{adj})$；$c_2 = a_2 \times (1 - \text{adj})$；$c_3 = a_3 \times (1 - \text{adj})$；$c_4 = \alpha \times (1 - \text{adj})$；$c_5 = \beta \times (1 - \text{adj})$；$c_6 = \delta \times (1 - \text{adj})$。以上公式也表明，在分析和研究农业产业集聚对农业产出增长的影响时应采用动态面板模型。

进一步地，考虑到农业生产活动不可避免地会受到其他相关因素的影响，为了使得本书的分析过程更加贴合实际，也为了提高结果拟合的准确性，本书在模型1的基础上进一步加入影响农业产出的可以观测到的其他变量，从而得到模型 2，见式 5-6。

$$\ln Y_{it} = \mathrm{adj}\ln Y_{it-1} + c_1\mathrm{AGC}_{it} + c_2\mathrm{AGC}_{it}^2 + c_3\mathrm{AGC}_{it}^3 +$$

$$c_4 K_{it} + c_5 L_{it} + c_6 F_{it} + c_7 \sum \mathrm{X}_{it} + \mu_i^{'} + \nu_t^{'} + \varepsilon_{it}^{'} \qquad (5\text{-}6)$$

式中，$\sum \mathrm{X}_{it}$ 为与农业生产相关的若干控制变量，c_7 为各个控制变量的系数。

5.3　实证方法、变量说明与数据来源

5.3.1　实证方法

本书的研究对象为我国 30 个省份，时间跨度为 1990—2016 年共 27 年，属于面板数据。与截面数据、时间序列数据类似，面板数据也会存在内生性、异方差、遗漏变量等较为常见的问题。在此背景下，传统的 OLS 估计容易出现遗漏变量和估计有偏的问题，即使在模型中加入相关的控制变量，这种问题依然存在，因此不应采用 OLS 估计。针对内生性、异方差、遗漏变量等问题，现有研究成果的一般做法是运用固定效应的 LSDV 回归法，但是该方法依然不能解决内生性问题。此外，本书设计的模型 1、模型 2 皆为动态面板模型。这两个模型不仅可能存在因遗漏变量带来的内生性问题，也可能存在因被解释变量的滞后项与随机扰动项相关进而导致的内生性问题，因此采用面板固定效应得到的估计量可能有偏。

在此背景下，很多学者提出了自己的解决思路，如 Anderson 和 Hsiao（1981）认为可以采用工具变量法，即采用被解释变量的滞后二阶项作为被解释变量差分项的工具变量。Arellano 和 Bond（1991）认为采用差分 GMM 估计的结果更好。Arellano 和 Bover（2004）则认为，通过采用水平 GMM 估计法可以有效解决因被解释变量滞后一阶回归系数较大时带来的弱工具变量问题。Blundel 和 Bond（1998）、Windmeijer（2000）进一步提出，将差分 GMM 和水平 GMM 相结合的系统 GMM 可以提高估计效率。

因此，考虑到数据和样本量的问题，本书将采用系统 GMM 估计方法、基于模型 1 和模型 2 对全国层面的数据进行回归。受限于样本量，区域层面的回归不适用动态分析，因此采用面板 OLS 估计法进行回归。

5.3.2 变量说明

1. 被解释变量

本书的被解释变量为农业产出，采用农业产出强度和人均农业产值来衡量，其中，前者为农林牧渔生产总值与农业用地面积的比值，单位为亿元/千公顷；后者为农林牧渔生产总值与农村总人口的比重，单位为万元/人。

2. 核心解释变量

农业产业集聚（AGC）。根据前文的分析，本书的核心解释变量为农业产业集聚度（AGC）及其平方项、立方项，可根据第 4 章测算出的农业产业集聚度分别计算得出。

劳动力投入（LAB）。现阶段，虽然有大量的劳动力从农村和农业流入其他生产部门，但不可否认，劳动力依然是农业生产中最基本、最重要的生产要素，没有劳动力、仅仅依靠其他农业生产资料是无法推动农业生产进行下去的。基于数据的连续性和可获得性，本书参考田云（2015）等学者的一般性做法，采用各个地区的第一产业年末从业人员总数对劳动力投入进行衡量，忽略第一产业内所有的劳动种类差异以及劳动力综合素质的差异，单位为万人。

资本投入（INV）。本书采用第一产业固定资本形成总额对其进行衡量。现有的统计数据并无第一产业固定资产形成总额的数据；本书重点参考张军等（2004）、单豪杰等（2008）的具体方法，以 1990 年为基期测算而得，单位为万元。

土地投入（LAN）。与其他产业相比，农业生产对土地的依赖性极大。我国区域之间耕地的使用状况差异极大，且在实际的农业生产过程中还存在轮作、休耕、抛荒等现象，如果使用耕地面积作为土地投入的代理变量，将导致结果出现偏差，因此，为了解决多个类似指标之间的信息重叠问题、消除农业复种情况，本书仍然参考田云（2015）等学者的一般性做法，选取农作物总播种面积作为土地投入的替代变量，单位为公顷。

3. 控制变量

考虑到农业产业聚集影响农业产出增长的过程中还会受到别的相关变量的影响，本书参考现有研究成果加入以下控制变量，主要包括：

市场化指数（MAR）。作为资源配置中的"看不见的手"，市场在经济运行中发挥基础性作用。市场化程度越高，越有利于实现资源和要素的优化配置，进而激发微观经济主体的发展动力，促进社会进步。本书对汪锋等（2005）的做法进行改进，计算公式为［（1-国有及国有控股企业工业总产值占比）+（1-国有全社会固定资产投资占比）+贸易依存度+第三产业所占比重］/4，利用该公式计算得出的数值衡量市场化程度。数值越高，说明本地市场化程度越高，市场在经济运行中发挥的作用也越大，农业主体在农业生产活动中的自主性也会越强。

产业结构（STR）。产业结构不仅可以反映某个地区三大产业的相对发展程度，也可以反映某个产业的发展环境。参考张乃丽和欧家瑜（2018）分析产业结构高级化的方法，本书采用第三产业产值与第二产业产值的比值来衡量产业结构。该比值间接说明了产业结构调整与优化升级的改善程度，比值越高，表明经济服务化程度越高，农业发展的环境也越好。

受教育程度（EDU）。受教育程度的提升可以促进农业科技在农业生产过程中的推广与使用，也有利于提升劳动力的综合素质，从而提升生产效率。集合现有数据，参考彭国华（2005）的做法，本书将受教育程度分为文盲、小学、初中、高中或中专、大专、大学、研究生及以上七类，并将各个受教育程度对应的受教育年限分别设为0、6、9、12、15、16、19年，进而计算出各个地区的劳动力平均受教育年限。

城镇化率（URB）。城镇化对农业产出的影响是显而易见的。城镇化率的提高，一方面会促进大量农村剩余劳动力流入城镇，从而提高农业的生产效率；另一方面也会提高对农产品数量和质量的需求，从而推动农业的进一步发展。本书用城镇常住人口占该地区常住总人口的比重进行衡量。

5.3.3　数据来源

本书针对我国 30 个省份 1990—2016 年的面板数据展开研究。文中用到的指标数据均来自相关年份的《中国统计年鉴》《中国区域统计年鉴》《中国农业统计年鉴》《中国农村统计年鉴》和《新中国六十年统计资料》。由于第一产业固定资产投资没有统一的数据来源，因此，1990—1995 年我国各个地区的第一产业固定资本形成总额数据来自《中国国内生产总值核算历史资料（1952—1995）》；1996—2002 年第一产业固定资产形成总额数据来自《中国国内生产总值核算历史资料（1996—2002）》，2003—2016 年第一产业固定资产形成总额数据来自《中国固定资产投资统计年鉴（2004—2017）》。部分数据存在缺失，本书采用插值法对缺失的数值进行处理。所有经济类指标均按 1990 年不变价处理。为了进一步提高数据的可靠性和模型拟合的准确性，本书采用对数化的方法对部分数据进行处理。

5.4　实证结果与分析

5.4.1　我国农业产出的发展现状

根据前文对农业产出强度和人均农业产出指标的测算公式，本书测算了我国 30 个省份 1990—2016 年的农业产出情况，分别如表 5-1、表 5-2 所示。

表 5-1 1990—2016 年主要年份我国农业产出强度

单位：亿元/公顷

区域	地区	1990 年	1994 年	1998 年	2002 年	2006 年	2010 年	2014 年	2016 年	均值	排名
东北地区	辽宁	27	35	48	52	76	107	122	118	71	13
	吉林	16	21	27	25	38	52	62	59	36	20
	黑龙江	8	11	12	12	20	30	46	47	22	26
	均值	17	22	29	29	45	63	77	75	43	—
东部地区	上海	180	250	294	307	293	337	402	343	302	1
	江苏	97	142	151	147	181	255	322	351	194	2
	天津	87	96	129	137	188	434	248	270	194	3
	山东	65	83	108	114	166	230	279	274	159	4
	河北	28	39	58	65	96	128	153	151	86	6
	北京	50	66	62	86	93	106	121	95	85	7
	海南	28	45	49	65	90	116	153	173	82	8
	广东	45	55	60	61	86	107	134	151	82	9
	浙江	39	52	59	63	77	98	114	122	75	11
	福建	22	35	46	51	64	87	116	132	64	14
	均值	64	86	102	110	133	190	204	206	132	—

农业产业集聚对农业绿色发展的影响研究

表5-1（续）

区域	地区	1990年	1994年	1998年	2002年	2006年	2010年	2014年	2016年	均值	排名
中部地区	河南	43	49	78	85	128	176	200	200	113	5
	安徽	42	56	66	61	76	112	138	148	82	10
	湖北	35	43	49	45	65	104	134	150	73	12
	湖南	28	22	40	41	61	93	110	122	62	15
	江西	20	26	28	30	41	56	68	76	40	17
	山西	12	13	17	15	20	36	47	45	23	25
	均值	30	35	46	46	65	96	116	123	66	—
西部地区	重庆	25	30	36	39	49	65	86	104	51	16
	广西	15	20	26	25	41	57	71	80	40	18
	四川	17	20	24	25	37	56	70	78	39	19
	新疆	16	21	25	26	40	50	60	63	36	21
	宁夏	13	15	19	19	29	42	51	54	28	22
	贵州	15	19	21	17	22	31	57	81	28	23
	陕西	12	14	17	16	24	42	60	63	28	24
	甘肃	9	12	15	14	21	30	37	39	21	27
	云南	8	8	11	12	18	24	37	40	18	28
	内蒙古	3	4	5	6	10	15	19	18	9	29
	青海	4	5	5	5	7	12	13	13	8	30
	均值	12	15	18	19	27	38	51	58	28	—

单位：万元/人

表 5-2 1990—2016 年主要年份我国人均农业产出强度

区域	地区	1990 年	1994 年	1998 年	2002 年	2006 年	2010 年	2014 年	2016 年	均值	排序
东北地区	辽宁	0.119	0.154	0.212	0.253	0.483	0.756	1.109	1.068	0.472	2
	黑龙江	0.133	0.186	0.209	0.214	0.359	0.602	1.085	1.157	0.436	3
	吉林	0.125	0.173	0.219	0.226	0.415	0.583	0.792	0.781	0.385	7
	均值	0.126	0.171	0.213	0.231	0.419	0.647	0.995	1.002	0.431	—
东部地区	海南	0.126	0.190	0.207	0.298	0.555	0.760	1.070	1.280	0.493	1
	福建	0.090	0.141	0.182	0.282	0.369	0.588	0.864	1.016	0.391	5
	北京	0.244	0.330	0.303	0.377	0.495	0.481	0.510	0.397	0.389	6
	江苏	0.109	0.161	0.186	0.245	0.338	0.559	0.830	0.966	0.376	8
	山东	0.093	0.124	0.164	0.196	0.307	0.557	0.745	0.789	0.337	10
	广东	0.124	0.156	0.162	0.234	0.352	0.429	0.544	0.619	0.302	12
	天津	0.133	0.140	0.190	0.218	0.291	0.482	0.586	0.640	0.302	13
	上海	0.156	0.221	0.258	0.083	0.491	0.470	0.456	0.336	0.295	14
	浙江	0.095	0.125	0.140	0.247	0.315	0.420	0.524	0.588	0.283	15
	河北	0.068	0.095	0.138	0.188	0.302	0.436	0.572	0.602	0.273	17
	均值	0.124	0.168	0.193	0.237	0.381	0.518	0.670	0.723	0.344	—

表5-2（续）

区域	地区	1990年	1994年	1998年	2002年	2006年	2010年	2014年	2016年	均值	排序
中部地区	湖北	0.103	0.122	0.141	0.174	0.257	0.491	0.754	0.878	0.320	11
	湖南	0.085	0.068	0.126	0.146	0.252	0.410	0.554	0.651	0.263	18
	河南	0.069	0.075	0.122	0.154	0.260	0.400	0.521	0.548	0.242	19
	安徽	0.080	0.102	0.124	0.153	0.213	0.351	0.487	0.540	0.230	21
	江西	0.084	0.109	0.117	0.144	0.212	0.307	0.430	0.501	0.215	24
	山西	0.061	0.065	0.081	0.086	0.122	0.228	0.324	0.328	0.143	29
	均值	0.080	0.090	0.118	0.143	0.219	0.365	0.512	0.574	0.236	—
西部地区	内蒙古	0.114	0.140	0.187	0.220	0.402	0.677	0.978	0.985	0.415	4
	新疆	0.142	0.182	0.205	0.208	0.319	0.599	0.790	0.827	0.361	9
	广西	0.068	0.087	0.111	0.444	0.246	0.397	0.549	0.630	0.279	16
	四川	0.071	0.087	0.100	0.146	0.223	0.342	0.480	0.561	0.231	20
	宁夏	0.069	0.079	0.097	0.123	0.203	0.374	0.517	0.577	0.225	22
	重庆	0.064	0.083	0.104	0.136	0.196	0.304	0.471	0.595	0.216	23
	陕西	0.063	0.069	0.084	0.106	0.167	0.332	0.546	0.605	0.212	25
	云南	0.065	0.067	0.086	0.115	0.178	0.243	0.424	0.478	0.184	26
	青海	0.076	0.082	0.079	0.099	0.139	0.261	0.399	0.407	0.169	27
	甘肃	0.058	0.074	0.086	0.096	0.147	0.261	0.382	0.425	0.168	28
	贵州	0.051	0.059	0.063	0.074	0.105	0.175	0.359	0.538	0.246	30
	均值	0.076	0.092	0.109	0.161	0.211	0.360	0.536	0.603	0.246	—

由表 5-1 可知，在 1990—2016 年共 27 年的时间内，我国农业产出强度实现了较大幅度的增长。从农业产出强度的平均值来看，在区域层面，东北地区、东部地区、中部地区、西部地区的平均值分别为 43 亿元/公顷、132 亿元/公顷、66 亿元/公顷、28 亿元/公顷，其中东部地区最高、中部地区次之、东北地区第三、西部地区最低。平均值高于 80 亿元/公顷的省份主要包括上海、江苏、天津、山东、河南、河北、北京、海南、广东、安徽，除安徽外均属于东部地区；其余各省份的均值在 20~亿 80 亿元/公顷，均值较低的地区绝大部分位于西部地区，其中只有内蒙古和青海低于 20 亿元/公顷。从农业产出强度的增长幅度角度来看，我国所有省份的农业产出强度都出现了大幅度的提升，在区域层面，东北地区、东部地区、中部地区、西部地区的平均增长幅度分别为 26 亿元/公顷、68 亿元/公顷、36 亿元/公顷、15 亿元/公顷，其中东部地区最高、中部地区次之、东北地区第三、西部地区最低。在省级层面，增长幅度较高的地区绝大部分位于东部地区，如上海、天津的增长幅度最高，超过 100 亿元/公顷，江苏、山东、河南、河北、海南 5 省的增长幅度为 50 亿~100 亿元/公顷，其余各省份的增长幅度均低于 50 亿元/公顷，值得注意的是，内蒙古和青海的增长幅度不到 10 亿元/公顷，增长幅度最低的地区绝大部分位于西部地区。

由表 5-2 可知，在 1990—2016 年共 27 年的时间内，我国的人均农业产出也实现了举世瞩目的跨越式增长。从人均农业产出的平均值来看，在区域层面，东北地区、东部地区、中部地区、西部地区的平均值分别为 0.431 万元/人、0.344 万元/人、0.236 万元/人、0.246 万元/人，其中东北地区最高、东部地区次之、西部地区第三、中部地区最低。平均值高于 0.4 万元/人的省份为海南、辽宁、黑龙江、内蒙古，平均值为 0.3 万~0.4 万元/人的省份分别为福建、北京、吉林、江苏、新疆、山东、湖北、广东、天津，平均值较高的地区在四大区域之间的分布比较均匀；其余各省份的均值为 0.1 万~0.3 万元/人，均值较低的地区绝大部分位于西部地区，其中，云南、青海、甘肃、山西、贵州的均值低于 0.2 万元/人。从农业产出强度的增长幅度来看，我国所有省份的农业产出强度都出现了大幅度的提升，在区域层面，东北地区、东部地区、中部地区、西部地区的平均增长幅度分别为 0.876 万元/人、0.599 万元/人、0.494 万元/人、0.526 万元/人，其中东北地区最高、东部地区次之、西部地区第三、中部地区最低。在省级层面，增长幅度较高的省份主要位于东部经济发达的地区，如海南、黑龙江、辽宁、福建、内蒙古、江苏等省份的增长幅度最大，均超过 0.8 万元/人，而山西、上海、北京的增长幅度不到 0.3 万元/人，其余省份的增长幅度为 0.3 万~0.8 万元/人。

5.4.2 全国层面分析

本书基于前文设定的模型 1 和模型 2，使用全国面板数据，对农业产业集聚影响农业产出增长的效应进行实证分析。为了加强研究结论的稳健性，本书将同时列出使用系统 GMM、面板 OLS、FGLS 三种方法得到的估计结果以做对比。

5.4.2.1 动态面板分析

根据前文分析，由于系统 GMM 的估计结果更为有效，本书采用系统 GMM 估计法、基于模型 1 和模型 2 对全国层面农业产业集聚影响农业产出的效应进行估计，估计结果见表 5-3。对所有估计情况的有效性进行检验后发现：在以农业产出强度衡量农业产出增长的回归中，模型 1 和模型 2 在 Arellano-Bond 检验中，一阶差分残差项和二阶差分残差项的 P 值都超过了 10%，说明一阶自相关、二阶自相关均存在，表明模型 1 和模型 2 均未通过 Arellano-Bond 检验，降低了估计结果的有效性；两个模型下的 Sargan 检验的 P 值均为 1，表明工具变量均有效。在以人均农业产出衡量农业产出增长的回归中，相关性的 Arellano-Bond 检验中，模型 1 和模型 2 一阶差分残差项的 P 值均小于 10%，二阶差分残差项的 P 值均大于 10%，以上结果表明一阶自相关并不存在，二阶自相关存在，说明通过了 Arellano-Bond 检验；两个模型下的 Sargan 检验的 P 值均为 1，表明所有工具变量都是有效的。以上检验结果表明，本书模型设定与工具变量的选择是较为合理的。

由表 5-3 可知，在用农业产出强度和人均农业产出衡量农业产出增长、基于模型 1 和模型 2 的所有回归结果中，被解释变量的滞后项系数均为正并通过显著性检验，表明当期的农业产出会受到前期农业产出的影响。这验证了假说 5-1，即前期农业生产状况会对当期农业生产状况产生能动的影响。

在用农业产出强度衡量农业产出增长的回归结果中，模型 1 和模型 2 中农业产业集聚的系数均为负并均在 10% 的水平上通过显著性检验，其平方项和立方项的系数均为正且均在 1% 的水平上通过显著性检验，表明随着农业产业集聚度的提高，农业产出强度将呈现出先增长、再降低、再增长的趋势，二者之间呈"N"形关系。劳动力投入的系数均为负但只有模型 1 在 1% 的水平上通过显著性检验，说明农业劳动力投入对农业产出的贡献为负，这也与李勋来等（2005）、龙翠红（2007）等学者的研究结论保持一致。杨帆和夏海勇（2012）进一步将这种现象产生的原因归结为三点：首先，在城乡二元结构尚未完全打破、存在户籍制度约束的背景下，农村地区剩余劳动力问题依然严重，劳动力的过度投入导致边际产出递减，甚至部分劳动力处于半失业状态；其次我国农村劳动力人力资本水平较低，无法充分发挥其对农业经济的促进作用；最后，随着工业化、城镇化的快速推进以及教育普及率的提高，农村家庭成员通过非农就业、升学等渠道离开农村，降低了农村人口红利。固定资产投资只有模型 1 在 1% 的水平上通过显著性检验且系数为正，土地投入在两个模型中的系数均为正且均在 1% 的水平上通过显著性检验，表明二者将会明显地促进农业经济的增长，这也与现实情况相符。

在用人均农业产出衡量农业产出的回归中，两个模型中人均农业产出的滞后项系数为正并通过显著性检验，表明当期的农业产出会受到前期农业产出的影响；在模型 1 中农业产业集聚的系数为正，其平方项、立方项的系数也均为正，且后两个变量均通过显著性检验，表明随着农业产业集聚度的提高，人均农业产出将呈现出先增长、再降低、再增长的趋势，二者之间呈"N"形关系，与前文结果保持一致；劳动力投入系数为负并在

10%的水平上通过显著性检验，固定资产投资和土地投入的系数为正且均在 1%的水平上通过了显著性检验；模型 2 中，农业产业集聚及其平方项、立方项均未通过显著性检验，劳动力投入系数为负但未显著性检验，固定资产投资和土地投入的系数为正且均在 10%的水平上通过了显著性检验，这也与前文的结论保持一致。以上研究结果验证了假说 5-2，即农业产业集聚对农业产出增长的影响并不是一成不变的，而是呈现出明显的非线性和阶段性特征。

就控制变量来看，在用农业产出强度和人均农业产出衡量农业产出增长、基于模型 2 的所有回归结果中，市场化和城镇化的系数均为正且在 1%的水平上通过显著性检验，表明这两个因素将明显地促进农业产出的增长，其他变量均未通过显著性检验。

表 5-3　全国层面动态面板回归结果

变量	模型 1		模型 2	
被解释变量	农业产出强度	人均农业产出	农业产出强度	人均农业产出
滞后项	0.950 *** (0.007 2)	0.986 *** (0.020 8)	0.929 *** (0.012 9)	0.939 *** (0.032 9)
lnAGC	−0.009 4 * (0.005 3)	0.024 5 (0.018 4)	−0.011 ** (0.005 2)	−0.005 (0.029)
(lnAGC) ^2	0.013 0 *** (0.001 2)	0.026 9 *** (0.006 1)	0.009 9 ** (0.004 35)	−0.027 1 (0.018 9)
(lnAGC) ^3	0.005 1 *** (0.000 4)	0.008 1 *** (0.001 3)	0.004 0 *** (0.000 9)	−0.001 0 (0.006 9)
lnLAB	−0.004 9 ** (0.002 0)	−0.055 4 *** (0.014 3)	−0.000 7 (0.002 6)	−0.007 5 (0.036 1)
lnINV	0.001 0 *** (0.000 2)	0.008 9 *** (0.002 3)	−0.001 4 (0.001 1)	0.010 5 * (0.005 8)
lnLAN	0.008 4 *** (0.002 2)	0.054 8 *** (0.015 6)	0.013 3 *** (0.003 6)	0.139 *** (0.038 0)
lnMAR	—	—	0.011 3 *** (0.001 7)	0.022 9 *** (0.006 7)
lnSTRU	—	—	0.010 1 (0.027 9)	−0.214 (0.192)

表5-3(续)

变量	模型1		模型2	
被解释变量	农业产出强度	人均农业产出	农业产出强度	人均农业产出
lnEDU	—	—	−0.003 0 (0.011 3)	0.023 1 (0.051 9)
lnURB	—	—	0.002 8 *** (0.000 8)	0.031 9 * (0.017 4)
常数项	−0.037 4 (0.025 6)	−0.107 (0.152)	−0.070 9 ** (0.036 0)	−1.128 ** (0.513)
样本量	780	780	780	780
Sargan test	27.393 2 (1.000 0)	26.672 3 (1.000 0)	23.404 3 (1.000 0)	18.617 7 (1.000 0)
AR（1）	−1.136 7 (0.255 7)	2.055 7 (0.039 8)	−1.145 5 (0.252 0)	−2.114 9 (0.034 4)
AR（2）	−1.247 2 (0.212 3)	0.255 6 (0.798 3)	−1.266 3 (0.205 4)	0.361 1 (0.718 1)

注：滞后项及之后12行中括号中的数字表示标准差；*、**、***分别表示在10%、5%、1%的水平上显著；Sargan test 表示过度识别检验值，括号内为 P 值；AR（1）和 AR（2）分别代表差分残差项一阶和二阶序列相关检验值，括号内为 P 值。

5.4.2.2　静态面板分析

本书使用面板 OLS 估计对全国层面的数据进行回归。选择正确的回归模型是建立面板模型、进行实证分析的重要环节。回归模型选择有误会导致估计结果有偏，进而影响分析结果。面板数据模型估计可以分为固定效应（fixed effect）模型和随机效应（random effect）效应。前者假设不可观测的个体因素可能遗漏了某个重要的控制变量，而该变量可以反映出与解释变量相关的某些个体特征；后者则假设不可观测的个体因素与解释变量不相关。当这些个体因素与解释变量不相关时，选用随机效应模型进行估计更加有效；当这些个体因素与解释变量相关时，选用固定效应模型将得到对模型中参数的一致性估计。因此，本书首先通过 Hausman 检验选择最优模型，在所有回归模型中 Hausman 检验值均在 1% 的水平上显著，表明应采用固定效应模型进行分析。因此，本书运用固定效应模型对全国层面的数据进行回归，相应的回归结果见表5-4。

由表5-4可知，在用农业产出强度衡量农业产出的回归中，在不引入控制变量的模型1中，农业产业集聚及其平方项、立方项的系数分别为负、正、正，只有平方项、立方项在1%的水平上通过显著性检验，表明随着农业产业集聚度的提高，农业产出强度将呈现出先增长、再降低、再增长的趋势，二者之间呈"N"形关系；劳动力投入、固定资产投资、土地投入的系数分别为负、正、正，且均在1%的水平上通过了显著性检验，表明劳动力投入的增加不利于农业产出的增长，可能的原因如李谷成（2015）所指出的那样，我国耕地数量的不断减少而农业劳动力总量依然庞大，使得我国农业生产中依然存在劳动力过剩的问题，而固定资产投资和土地投入将有助于农业产出的增长，这也和前文分析的结论一致。在引入四个相关控制变量的模型2中，农业产业集聚及其平方项、立方项的系数符号及显著性均与模型1的结果保持一致，表明农业产出强度与农业产业集聚度之间存在"N"形关系，劳动力投入、固定资产投资、土地投入的系数符号及显著性与模型1保持一致；市场化指数、受教育程度、城镇化率三个变量的系数均为正且后两个变量分别在1%和5%的水平上通过显著性检验，表明以上三者均可以促进农业产出的增长；产业结构的系数为负且在1%的水平上通过显著性检验，表明第二、三产业的发展会在一定程度上阻碍农业产出的提高，可能的原因是第二、三产业的快速发展一方面导致农村地区资金、劳动力流出，另一方面也挤压了农业的发展空间，从而不利于农业的快速发展。

在用人均农业产出衡量农业产出的回归中，在不引入控制变量的模型1中，与前文情况类似，农业产业集聚及其平方项、立方项的系数均为正，且均通过显著性检验，表明随着农业产业集聚度的提高，人均农业产出将呈现出先增长、再降低、再增长的趋势，二者之间呈"N"形关系；劳动力投入、固定资产投资、土地投入的系数符号分别为负、正、正，且均在1%的水平上通过显著性检验，表明固定资产投资和土地投入对人均农业产出产生促进作用。在引入四个相关控制变量的模型2中，农业产业集聚及其平方项、立方项的系数依然全部为正但均未通过显著性检验，这也在一定程度上表明农业产出强度与农业产业集聚度之间的"N"形关系继续存在，劳动力投入、固定资产投资、土地投入与模型 1 保持一致；市场化指数、受教育程度、城镇化率三个变量的系数均为正且均在 1% 的水平上通过显著性检验，表明以上三者均可以促进农业产出的增长；产业结构的系数为负且在 1% 的水平上通过显著性检验，表明第二、三产业的快速发展不利于农业发展。

表 5-4　全国层面静态面板回归结果

变量	模型 1 产出强度	模型 2 产出强度	模型 1 人均产出	模型 2 人均产出
lnAGC	-0.0071 (0.0075)	-0.0197^{**} (0.0081)	0.104^{***} (0.0343)	0.0124 (0.0340)
(lnAGC) ^2	0.0461^{***} (0.0068)	0.0318^{***} (0.0070)	0.142^{***} (0.0311)	0.0429 (0.0296)
(lnAGC) ^3	0.0104^{***} (0.0022)	0.0078^{***} (0.0022)	0.0268^{***} (0.00988)	0.0073 (0.0091)
lnLAB	-0.102^{***} (0.0082)	-0.0748^{***} (0.0092)	-0.418^{***} (0.0374)	-0.163^{***} (0.0387)
lnINV	0.0141^{***} (0.0011)	0.0097^{***} (0.0015)	0.115^{***} (0.00492)	0.0731^{***} (0.0065)
lnLAN	0.0521^{***} (0.0112)	0.0439^{***} (0.0114)	0.450^{***} (0.0515)	0.371^{***} (0.0481)
lnMAR	—	0.0060 (0.0069)	—	0.0769^{***} (0.0293)
lnSTRU	—	-0.117^{***} (0.0305)	—	-0.770^{***} (0.129)
lnEDU	—	0.0922^{***} (0.0184)	—	0.523^{***} (0.0776)
lnURB	—	0.0131^{**} (0.0051)	—	0.170^{***} (0.0215)
常数项	0.228^{**} (0.0884)	-0.0471 (0.101)	-1.253^{***} (0.405)	-3.021^{***} (0.428)
Observations	810	810	810	810
R-squared	0.5650	0.5917	0.6751	0.7402
F	77.91^{***}	70.38^{***}	17.66^{***}	6.27^{***}
Hausman test	33.35^{***}	34.72^{***}	37.39^{***}	62.57^{***}

注：括号中的数字表示标准差；*、**、*** 分别表示在 10%、5%、1% 的水平上显著。

5.4.3 区域层面分析

为了进一步分析农业产业集聚对农业产出的影响以及这种影响的区域异质性，本书根据现有的区域划分方式，将本书研究涉及的 30 个省份划分为东北地区、东部地区、中部地区、西部地区四大区域。考虑到区域层面数据属于"小 N 大 T"的类型，如果继续采用系统 GMM 估计将存在较为严重的偏差，因此为了减少组内异方差和同期自相关，本书将采用面板 OLS 估计和 FGLS 估计，基于模型 2 对区域层面农业产业集聚影响农业产出的效应进行估计。

与全国层面的数据分析类似，本书首先通过 Hausman 检验选择最优模型，在所有回归模型中 Hausman 检验值均在 1% 的水平上显著，表明应采用固定效应模型进行分析，因此，本书采用固定效应模型进行分析。相应的 OLS 估计和 FGLS 估计结果见表 5-5 和表 5-6。通过对比可以发现，在所有的回归结果中，OLS 估计结果和 FGLS 估计结果无论是在系数是否为正还是显著性方面均保持一致。考虑到 FGLS 估计具有减少组内异方差、同期自相关的优点，本书在回归结果分析中主要参照 FGLS 估计的结果。

由表 5-5 和表 5-6 可知，由于各个区域在经济发展水平、科技实力、基础设施水平等方面存在的巨大差距，农业产业集聚对农业产出的影响具有十分明显的区域异质性。

在以农业产出强度衡量农业产出增长时，东北地区农业产业集聚及其平方项、立方项的系数分别为负、负、正，且均通过显著性检验，西部地区农业产业集聚及其平方项、立方项的系数分别为负、负、正，且除农业产业集聚外其他两个均通过显著性检验，表明在东北地区和西部地区，农业产出强度将随着农业产业集聚度的提高而呈现出先增长、后下降、再增长的总体上升趋势，二者之间呈"N"形关系，与全国层面保持一致；东部和中部地区农业产业集聚及其平方项、立方项的系数分别为负、负、正，且只有前两个指标通过显著性检验，表明农业产出强度将随着农业产业集聚度的提高而呈现出先增长、后下降的趋势，二者之间呈倒"U"形关系。

表 5-5　区域层面农业产业集聚影响农业经济强度的回归结果

区域	东北地区		东部地区		中部地区		西部地区	
估计方法	OLS	FGLS	OLS	FGLS	OLS	FGLS	OLS	FGLS
lnAGC1	-0.055 9*** (0.011 1)	-0.040 4*** (0.009 0)	-0.030 5* (0.017 2)	-0.021 2*** (0.005 9)	0.016 5 (0.020 6)	-0.008 9 (0.009 5)	-0.001 0 (0.007 7)	-0.006 5** (0.002 8)
(lnAGC)^2	-0.024 1* (0.012 1)	-0.015 6* (0.008 2)	0.033 8** (0.013 5)	0.011 9*** (0.004 6)	-0.032 4* (0.019 5)	-0.008 3 (0.008 8)	0.081 4** (0.037 0)	-0.009 9 (0.010 9)
(lnAGC)^3	0.075 1*** (0.025 3)	0.023 2 (0.018 3)	0.005 6 (0.003 7)	0.006 3*** (0.001 4)	-0.049 2 (0.033 9)	0.004 87 (0.012 6)	-0.095 3** (0.047 0)	0.029 6** (0.013 1)
lnLAB	0.003 3 (0.010 2)	-0.004 4 (0.006 3)	-0.069 7*** (0.017 8)	0.008 9 (0.007 5)	-0.100*** (0.018 2)	-0.074 7*** (0.012 2)	-0.042 0*** (0.005 3)	-0.009 6*** (0.002 2)
lnINV	0.001 40 (0.002 7)	-0.001 0 (0.002 1)	0.003 52 (0.005 2)	-0.003 2* (0.001 9)	0.006 9*** (0.001 4)	0.001 7 (0.001 4)	0.005 1*** (0.000 9)	0.002 6*** (0.000 5)
LnLAN	0.066 5*** (0.016 4)	-0.011 8 (0.012 6)	0.192*** (0.025 5)	0.030 3*** (0.009 4)	0.181*** (0.021 9)	0.068 2*** (0.015 7)	0.024 3*** (0.006 3)	0.006 3*** (0.002 1)
lnMAR	0.000 8 (0.006 0)	-0.000 5 (0.003 8)	0.007 9 (0.014 7)	0.004 2 (0.004 8)	0.024 4*** (0.008 5)	0.009 7* (0.005 3)	0.005 8 (0.004 2)	0.002 1* (0.001 3)
lnSTRU	-0.259*** (0.044 0)	-0.220*** (0.036 2)	0.047 6 (0.085 1)	-0.106*** (0.021 8)	-0.238*** (0.028 7)	-0.069 5*** (0.020 1)	-0.001 2 (0.016 5)	-0.041 1*** (0.007 2)

表5-5（续）

区域	东北地区		东部地区		中部地区		西部地区	
估计方法	OLS	FGLS	OLS	FGLS	OLS	FGLS	OLS	FGLS
lnEDU	0.097 6*** (0.027 2)	0.022 7 (0.024 1)	0.290*** (0.051 1)	−0.020 3*** (0.008 8)	0.062 7*** (0.023 7)	0.001 1 (0.010 1)	0.005 9 (0.008 2)	−0.002 6 (0.002 2)
lnURB	0.156*** (0.014 2)	0.100*** (0.013 1)	−0.009 8 (0.009 2)	−0.004 7* (0.002 53)	0.062 5*** (0.011 2)	0.000 85 (0.009 0)	0.007 8*** (0.002 8)	−0.000 3 (0.000 7)
常数项	−0.702*** (0.144)	0.105 (0.130)	−1.587*** (0.251)	−0.204*** (0.066 9)	−0.931*** (0.230)	−0.025 1 (0.170)	0.081 5* (0.046 7)	0.032 9* (0.020 0)
样本量	81	81	270	270	162	162	297	297
R²	0.952	—	0.693	—	0.915	—	0.774	—
F	21.75***	—	51.37***	—	5.4***	—	54.74***	—
Hausman test	27.31***	—	168.10***	—	23.58***	—	190.13***	—

注：括号中的数字表示标准差；*、**、*** 分别表示在10%、5%、1%的水平上显著。

表 5-6 区域层面农业产业集聚影响人均农业产出的回归结果

区域	东北地区		东部地区		中部地区		西部地区	
估计方法	OLS	FGLS	OLS	FGLS	OLS	FGLS	OLS	FGLS
lnAGC	-0.710*** (0.153)	-0.349*** (0.092 6)	0.131** (0.051 5)	-0.038 6 (0.028 3)	-0.000 3 (0.121)	-0.129*** (0.040 7)	-0.067 9 (0.072 2)	-0.055 5** (0.026 1)
(lnAGC)^2	0.289* (0.165)	0.262*** (0.075 5)	0.152*** (0.040 4)	-0.017 1 (0.018 0)	-0.248** (0.115)	-0.068 5* (0.035 9)	-1.521*** (0.348)	-1.003*** (0.118)
(lnAGC)^3	1.132*** (0.347)	0.308** (0.157)	0.026 1** (0.011 0)	0.001 4 (0.004 9)	-0.211 (0.199)	0.066 6 (0.053 3)	1.814*** (0.443)	1.325*** (0.142)
lnLAB	-0.022 1 (0.140)	-0.105 (0.072 1)	-0.161*** (0.053 3)	-0.023 2 (0.017 5)	-0.564*** (0.106)	-0.216*** (0.045 3)	-0.062 5 (0.050 2)	0.086 4*** (0.020 9)
lnINV	0.026 4 (0.037 2)	-0.046 2* (0.023 9)	-0.032 1* (0.015 4)	-0.003 3 (0.005 4)	0.028 5*** (0.008 4)	0.005 0 (0.003 7)	0.099 1*** (0.008 4)	0.062 9*** (0.005 7)
lnLAN	1.545*** (0.225)	0.279** (0.125)	0.357*** (0.076 1)	0.107*** (0.026 7)	0.528*** (0.128)	0.180*** (0.056 9)	0.505*** (0.058 9)	0.137*** (0.020 5)
lnMAR	0.111 (0.082 6)	-0.038 3 (0.049 4)	-0.081 2* (0.043 9)	0.007 2 (0.014 1)	0.086 3* (0.049 8)	0.032 7 (0.022 4)	-0.004 9 (0.039 9)	0.010 5 (0.012 2)
lnSTRU	-3.458*** (0.602)	-2.147*** (0.436)	0.979*** (0.254)	-0.336*** (0.094 2)	-1.200*** (0.168)	-0.508*** (0.081 1)	-0.865*** (0.155)	-0.731*** (0.077 6)

表5-5（续）

区域	东北地区		东部地区		中部地区		西部地区	
估计方法	OLS	FGLS	OLS	FGLS	OLS	FGLS	OLS	FGLS
lnEDU	0.737* (0.372)	0.034 1 (0.245)	0.934*** (0.153)	0.001 3 (0.031 3)	0.806*** (0.139)	0.013 7 (0.041 1)	0.260*** (0.077 2)	-0.096 2*** (0.027 6)
lnURB	1.601*** (0.195)	0.718*** (0.108)	0.133*** (0.027 3)	0.157*** (0.006 1)	0.148** (0.065 4)	0.047 2 (0.039 4)	0.193*** (0.026 4)	0.139*** (0.010 6)
常数项	-13.88*** (1.967)	-1.883 (1.375)	-3.090*** (0.749)	-0.323* (0.188)	-2.107 (1.348)	-0.057 0 (0.563)	-4.350*** (0.440)	-1.675*** (0.197)
样本量	81	81	270	270	162	162	297	297
R-squared	0.947	—	0.800	—	0.873	—	0.847	—
F	25.10***	—	8.96***	—	5.92***	—	15.71***	—
Hausman test	29.73***	—	63.16***	—	25.45***	—	103.74***	—

注：括号中的数字表示标准差；*、**、***分别表示在10%、5%、1%的水平上显著。

在以人均农业产出衡量农业产出增长时，东北地区农业产业集聚及其平方项、立方项的系数分别为负、正、正，且均通过显著性检验，西部地区农业产业集聚及其平方项、立方项的系数分别为负、负、正，且均通过显著性检验，表明在东北地区和西部地区，人均农业产出将随着农业产业集聚度的提高而呈现出先增长、后下降、再增长的总体上升趋势，二者之间呈"N"形关系，与前文分析结论保持一致；东部地区农业产业集聚及其平方项、立方项的系数为负、负、正，但均未通过显著性检验，在一定程度上表明人均农业产出将随着农业产业集聚度的提高而呈现出先下降、后增长、再下降的趋势，二者之间呈倒"N"形关系；中部地区农业产业集聚及其平方项、立方项的系数分别为负、负、正，且只有农业产业集聚的平方项通过显著性检验，表明农业产出强度将随着农业产业集聚度的提高而呈现出先增长、后下降的趋势，二者之间呈倒"U"形关系。

就其他变量来看，在以农业产出强度衡量农业产出增长的回归中，所有区域的劳动力投入的系数均为负但只有东北地区、中部地区、西部地区通过显著性检验，这说明我国农业生产活动中均存在不同程度的劳动力过度投入的现象，劳动力投入的增加不仅没有促进产出增加，反而会导致产出减少，原因是在农业生产活动中，劳动力太多导致单位劳动产生的边际产出不断减少直至为负，使得劳动总产出减少。这种情况产生的原因主要是当地农村人口过多导致存在大量农业剩余劳动力，也有可能是我国长期以来形成的精耕细作模式所致（张忠明，2010）。固定资产投资在东北地区、西部地区的系数为正，在东部地区、中部地区的系数为负，但均未通过显著性检验。市场化指数在东北地区系数为负且通过显著性检验，在东部地区、中部地区、西部地区的系数均为正但只有中部地区通过显著性检验，其他区域均不显著，表明市场化进程的推进将有利于中部地区农业产出的增长，不利于东北地区的农业生产增长；产业结构在所有地区的系数均为负且均通过显著性检验，表明随着产业结构的调整，第二、三产业的快速发展导致原本属于农业领域的生产资源流入非农领域，挤压了农业的发展空间，这也与前文得出的结论保持一致。受教育程度在东北地区和东部地区的系数均为正但都没有通过显著性检验，与此相反在中部地区和西部地区的系数均为负也都未通过显著性检验，表明受教育程度的提高在一定程度上促进了东北地区、东部地区的农业产出，不利于中部地区和西部地区的农业产出，原因正如前文分析的那样，中部地区、西部地区的经济发展较为落后，大量受教育程度较高的劳动力从西部地区流向了其他区域，从而限制了农业的发展潜力。城镇化率在东北地区、中部地区、西部地区的系数均为正，只有东北地区和西部地区通过了显著性检验，东部地区的系数为负且通过显著性检验，表明城镇化的推进可以有效提升东北地区、西部地区的农业产出，降低东部地区的农业产出。

在以人均农业产出衡量农业产出增长的回归中，劳动力投入的系数在所有地区均为负且通过显著性检验，与前文分析一致；固定资产投资的系数在所有区域的 OLS 回归中均为正且通过显著性检验，表明资本投入会普遍地促进农业生产。市场化指数在所有区域的系数都为负但未通过显著性检验。产业结构在所有地区的系数均为负且均通过显著性检验，与前文的分析结论保持一致。受教育程度在所有地区的 OLS 估计结果中均为正但只有西部地区未通过显著性检验，在 FGLS 回归结果中系数均为负但只有西部地区通过显著性检验。城镇化率在东北地区、中部地区系数为正但只有前者通过了显著性检验，在东部地区和西部地区系数为负且全部通过了显著性检验，表明城镇化的推进会明显降低东部地区和西部地区的人均农业产出水平，促进东北地区的人均农业产出增长。

5.4.4　稳健性检验

5.4.4.1　弱内生性子样本检验

在一般情况下，产业在特定区域集聚将导致经济产出增长。但考虑到另外一种情形，即在农业资源条件优越、开发较早、经济发展水平较高的地方，相应的农业生产设施比较完善，生产环境良好，已经形成特定的市场，势必会促进农业产业向该地区集聚，导致农业产出与农业产业集聚之间可能存在反向因果关系，使得样本具有内生性。农业经济越发达的地区其内生性越严重，农业经济较为滞后的地区内生性较弱。针对内生性问题，本书在之前的分析中已经采用动态面板模型和系统 GMM 两步法估计对其进行处理。此处本书将基于弱内生性子样本回归，检验前文所用的估计法是否可以有效解决内生性问题以及前文的估计结果是否稳健有效。

本书计算了我国 30 个省份 1990—2016 年农林牧渔生产总值和人均农业产出的平均值，剔除高于该平均值的地区，将低于该平均值的地区构造为不同情形下的弱内生子样本组，在这两种情形下采用传统固定效应 OLS 估计和 FGLS 估计对模型 2 进行估计，估计结果见表 5-7。考虑到两种估计下解释变量无论是系数符号还是显著性均差异不大，以及 FGLS 估计具有的优势，本书主要基于 FGLS 的回归结果展开分析。

估计结果表明，在以农业产出强度衡量农业产出增长的模型中，两种情形下农业产业集聚的系数均为负并在 1% 的水平上通过显著性检验；农业产业集聚的平方项与立方项系数均为正且均在 1% 的水平上通过显著性检验，表明农业产出强度将随着农业产业集聚度的提升而呈现出先增长、后降低、再增长的趋势，二者之间的"N"形关系依然存在。在以人均农业产出衡量农业产出增长的模型中，在情形 1 下农业产业集聚及其平方项与立方项的系数均为负但只有第一变量在 1% 的水平上通过显著性检验；在情形 2 下农业产业集聚系数依然为负且依然在 1% 的水平上通过显著性检验，其平方项与立方项系数均为正且立方项在 1% 的水平上通过显著性检验，表明人均农业产出将随着农业产业集聚度的提升而呈现出先增长、后降低、再增长的趋势，二者之间的"N"形关系依然存在。相关控制变量的系数符号与显著性与前文相差不大。以上结果验证了前文估计结果的稳健性。

表 5-7 农业产业集聚影响农业产出的弱内生性子样本检验估计结果

变量	农业产出强度				人均农业产出			
	情形 1		情形 2		情形 1		情形 2	
	OLS	FGLS	OLS	FGLS	OLS	FGLS	OLS	FGLS
lnAGC	-0.047 3*** (0.014 5)	-0.023 3*** (0.002 6)	-0.022 2** (0.010 4)	-0.019 6*** (0.002 4)	-0.086 8*** (0.028 7)	-0.042 8*** (0.010 1)	-0.016 1 (0.038 2)	-0.068 8*** (0.008 1)
(lnAGC)^2	0.047 3*** (0.011 2)	0.015 6*** (0.003 1)	0.058 5*** (0.008 2)	0.021 2*** (0.002 2)	0.020 0 (0.022 2)	-0.014 1 (0.009 4)	0.097 4*** (0.029 9)	0.009 8 (0.007 7)
(lnAGC)^3	0.010 9*** (0.003 0)	0.004 5*** (0.001 1)	0.013 3*** (0.002 4)	0.005 4*** (0.000 9)	0.005 4 (0.006 0)	-0.001 9 (0.003 1)	0.018* (0.008 9)	0.008 4*** (0.002 7)
lnLAB	-0.052 7*** (0.012 7)	-0.010 9*** (0.002 8)	-0.029 7** (0.012 3)	-0.006 9*** (0.002 3)	-0.217*** (0.025 1)	-0.054 9*** (0.011 4)	-0.021 8 (0.045 2)	-0.034 0*** (0.010 0)
lnINV	0.004 9* (0.002 6)	0.002 8*** (0.000 8)	0.003 4 (0.002 1)	0.002 0*** (0.000 5)	0.054 6*** (0.005 0)	0.030 9*** (0.003 2)	0.078 5*** (0.007 6)	0.038 8*** (0.002 6)
lnLAN	0.079 5*** (0.016 1)	0.015 6*** (0.003 1)	0.038 1*** (0.013 5)	-0.004 05* (0.002 4)	0.286*** (0.031 8)	0.115*** (0.015 4)	0.306*** (0.049 4)	0.175*** (0.011 6)
lnMAR	-0.003 9 (0.009 5)	0.004 7*** (0.001 2)	0.004 9 (0.008 9)	0.004 0*** (0.001 2)	0.008 6 (0.018 8)	0.002 7 (0.005 8)	0.033 8 (0.032 7)	0.013 9*** (0.004 8)
lnSTRU	-0.050 0 (0.045 5)	-0.108*** (0.008 9)	-0.008 0 (0.038 7)	-0.062 5*** (0.007 7)	-0.625*** (0.089 9)	-0.405*** (0.039 6)	-0.015 1 (0.142)	-0.529*** (0.029 9)

表5-7（续）

变量	农业产出强度				人均农业产出			
	情形 1		情形 2		情形 1		情形 2	
	OLS	FGLS	OLS	FGLS	OLS	FGLS	OLS	FGLS
lnEDU	0.078 9*** (0.025 4)	-0.012 4*** (0.002 5)	0.039 4* (0.022 7)	-0.008 8*** (0.001 8)	0.376*** (0.050 2)	-0.007 7 (0.012 1)	0.041 5 (0.083 3)	-0.046 3*** (0.011 6)
lnURB	-0.006 9 (0.006 8)	-0.002 3 (0.002 1)	0.004 3 (0.006 3)	-0.004 7*** (0.001 41)	0.144*** (0.013 5)	0.147*** (0.006 0)	0.190*** (0.023 2)	0.161*** (0.004 8)
常数项	-0.459*** (0.136)	-0.029 7 (0.033 6)	-0.174 (0.113)	0.030 6 (0.026 5)	-1.630*** (0.268)	-0.583*** (0.158)	-2.232*** (0.413)	-0.758*** (0.095 9)
样本量	406	405	459	459	406	405	459	459
R-squared	0.537	—	0.511	—	0.876	—	0.765	—
F	48.84***	—	51.6***	—	18.61***	—	8.61***	—
Hausman test	13.95	—	4.66	—	54.7***	—	58.36***	—

注：括号中的数字表示标准差；*、**、*** 分别表示在10%、5%、1%的水平上显著。

5.4.4.2 半参数估计

现有产业集聚理论认为，产业集聚对经济增长的作用具有正反两个方向的效应。一方面，产业集聚可以通过加快生产分工、降低生产成本、科技知识溢出等渠道促进经济增长；另一方面，在产业集聚超过特定程度时，恶性竞争出现、要素价格疯涨、污染加剧等问题开始加剧。因此，随着农业产业集聚度的不断提升，其对农业产出的影响受限于产业集聚度是否达到了最佳规模。根据胡佛的产业集聚最佳规模论，某一产业的产业集聚度无论过高还是过低均无法实现产出的最大化。对我国 30 个省份农业产业集聚水平的统计分析发现，我国各个区域的农业产业已经出现了显著的集聚现象。然而值得注意的是，我国农业产业集聚程度是否达到或者超过最佳规模？这一问题值得我们进一步探究。

针对这一问题，本书在前文设计计量模型的具体类型时，通过直接引入农业产业集聚及其平方项、立方项，来分析农业产出与农业产业集聚之间的非线性关系。但是换个角度来看，如果农业产业集聚对农业产出的影响并非按照此函数的形式，那么是按照什么形式的函数呢？农业产业集聚对农业产出的影响究竟如何，这个答案对计量模型设定具有较强的依赖性。如果原始的计量模型具有"设定误差"等问题，那么研究结论的稳健性将大打折扣。当农业产业集聚按照别的函数形式对农业产出产生作用时，前文得出的研究结论是否依旧稳健？本书将采用半参数模型进行估计，该模型包括参数部分和非参数部分。具体来看，典型的半参数模型为部分线性模型[①]，具体见式 5-7。

$$Y_{it} = X_{it}'\beta + g(Z_{it}) + \varepsilon_{it} \tag{5-7}$$

其中，参数部分 $X_{it}'\beta$ 为线性函数，非参数部分 $g(Z_{it})_{it}$ 为不知道具体函数形式的未知函数，随机扰动项 ε_{it} 的均值与 X_{it}'、Z_{it} 均独立。采用最小二乘估计法对该方程进行逐步估计，可以得到 $g(Z_{it})$ 的非参数估计：

$$\hat{g}(Z_{it}) = \hat{E}(Y_{it} \mid Z_{it}) - \hat{E}(X_{it} \mid Z_{it})'\hat{\beta} \tag{5-8}$$

---

① 陈强. 高级计量经济学及 Stata 应用 [M]. 北京：高等教育出版社，2010.

因此，本书不再对农业产业集聚影响农业产出增长的具体形式进行预先假定，而是以未知函数 $h(\mathrm{AGC})$ 进行表示，括号内为农业产业集聚度，并构建仅包含核心解释变量的基准模型 3 和在此基础上添加了其他控制变量的基准模型 4，分别如下：

$$\ln Y_{it} = h(\mathrm{AGC}_{it}) + c_5 K_{it} + c_6 L_{it} + c_7 F_{it} + \mu_i' + \nu_t' + \varepsilon_{it}' \qquad (5-9)$$

$$\ln Y_{it} = h(\mathrm{AGC}_{it}) + c_4 \sum X_{it} + c_5 K_{it} + c_6 L_{it} + c_7 F_{it} + \mu_i' + \nu_t' + \varepsilon_{it}'$$

$$(5-10)$$

借鉴尹朝静等（2016）、赵洋（2017）的做法，本书采用半参数估计方法对全国层面的数据进行回归，并得到相应的回归结果（见表 5-8）和核回归图（见图 5-1）。由图 5-1 可以看出，在分别以农业产出强度与人均农业产出衡量农业产出的模型中，无论是模型 3 还是模型 4，农业产出与农业产业集聚度之间均呈现出比较明显的非线性关系，表明前文分析中引入农业产业集聚及其平方项、立方项是正确的。这也进一步表明，本书采用半参数估计方法进行稳健性检验是合理有效的。

表 5-8　农业产业集聚影响农业产出的半参数估计的回归结果

模型	模型 3	模型 4	模型 3	模型 4
变量	农业产出强度	农业产出强度	人均农业产出	人均农业产出
lnLAB	0.012 7 ** (0.005 0)	−0.002 5 (0.007 3)	−0.180 *** (0.016 3)	−0.082 1 *** (0.019 5)
lnINV	0.016 5 *** (0.001 6)	0.008 8 *** (0.002 3)	0.116 *** (0.006 7)	0.067 8 *** (0.007 1)
LnLAN	0.008 1 (0.006 5)	0.021 8 *** (0.008 3)	0.124 *** (0.020 0)	0.044 2 ** (0.020 9)
lnMAR	—	0.077 2 *** (0.007 8)	—	0.164 *** (0.015 5)
lnSTRU	—	−0.020 5 (0.037 0)	—	−0.557 *** (0.106)
lnEDU	—	−0.032 7 (0.024 3)	—	0.303 *** (0.065 6)

表5-8(续)

模型	模型3	模型4	模型3	模型4
变量	农业产出强度	农业产出强度	人均农业产出	人均农业产出
lnURB	—	0.006 3 (0.009 0)	—	0.206 *** (0.014 9)
样本量	810	810	810	810
R-squared	0.575	0.774	0.763	0.908

注：括号中数字表示标准差；*、**、*** 分别表示在10%、5%、1%的水平上显著。

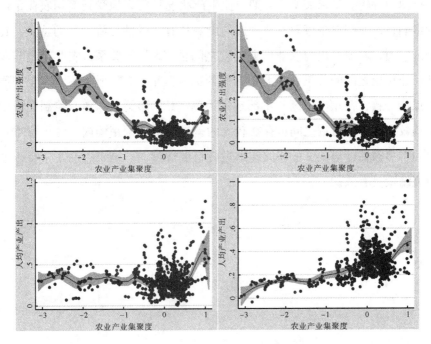

图5-1　农业产出对年农业产业集聚的核回归图

注：上方从左到右分别为基于模型3、模型4的农业产出强度对农业产业集聚的核回归图；
下方从左到右分别为基于模型3、模型4的人均农业产出对农业产业集聚的核回归图。

5.5　本章小结

　　本章对农业产业集聚与农业产出增长的相关研究成果进行了总结和梳理,在此基础上提出了农业产业集聚影响农业产出的三个理论研究假说,基于 Cobb-Douglas 生产函数构建计量模型,运用系统 GMM、面板 OLS 对全国层面数据进行回归分析,运用面板 OLS 和 FGLS 估计对区域层面数据进行回归分析。结果表明:当期农业生产状况将明显地受到前期农业生产的影响;农业产业集聚对农业产出的影响具有非线性和阶段性的特点,在全国层面,农业产出与农业产业集聚之间呈"N"形关系;农业产出与农业产业集聚之间的关系在东北地区和西部地区呈"N"形关系,与全国层面保持一致,在东部地区和中部地区为倒"U"形关系;各个控制变量的影响效果在各个区域之间也存在较大的差异。本书采用弱内生性子样本检验和半参数估计对前文的研究结果进行稳健性检验,结果表明本书得出的研究结论是有效的。

6 农业产业集聚对农业绿色生产效率的影响

6.1 引言

改革开放 40 多年来，我国农业生产取得了举世瞩目的成就，但农业粗放型经营模式依然没有转变，农业面源污染尚未得到有效遏制，人民群众对绿色、生态、优质的农产品需求还未得到完全满足。随着农业供给侧结构性改革的不断深入，推进农业产业集聚、实现农业适度规模经营已经成为农业发展的重要趋势，农业产业集聚不仅可以快速推动农业实现现代化发展，还可以扩大就业规模、丰富农民收入来源，从而实现农业经济提质增效。那么，目前中国农业绿色生产效率处于什么状态？农业产业集聚对农业绿色生产效率是否存在显著影响？明晰农业产业集聚与农业绿色生产效率的关系，对于加快推进生态文明建设、促进农业绿色发展具有重要的理论意义和现实意义。

自党的十八大以来，国内学者对农业绿色发展的研究日渐增多，但大多以理论分析为主，主要聚焦于农业绿色发展的重要价值、基本内涵以及如何衡量农业绿色发展的水平等方面。目前尚无直接测算农业绿色生产效率的指标体系，现有学者主要采用非参数 DEA-Malmquist 模型和参数随机前沿函数模型（王力 等，2016）、VRS－DEA（姚增福 等，2016）、

Malmquist-Luenberger 生产率指数（张复宏 等，2017；孟祥海 等，2019）、DEA-Malmquist 指数法（卓乐 等，2018）、Hicks-Moorsteen 指数法（张海霞 等，2018）、SBM 模型和 GML 指数（吴传清 等，2018）、非参数 Malmquist 指数（吉小燕 等，2016）、SBM－DDF 模型和 Malmquist－Luenberger 生产率指数法（葛鹏飞 等，2018；武宵旭 等，2019）、SBM 超效率模型（吕娜 等，2019）、随机前沿分析法（王留鑫 等，2019）等方法进行测算，并将其作为农业绿色发展水平的代理变量进行研究。

在农业绿色生产效率的影响因素方面，现有学者主要从冲击因素、土地扩张、人力资本、基础设施、经济制度、气候变化、FDI、科研、信息化等的角度展开分析。罗浩轩（2017）认为我国农业全要素生产率面临着农业资源环境、农业资本报酬递减、劳动力流失三重冲击。李汝资等（2019）研究了城市土地扩张对农业全要素生产率的影响，发现在现有的土地财政下，城市用地扩张不利于农业全要素生产率的提升，且这种负向作用呈非线性。杨钧等（2019）运用了空间杜宾模型分析了农村人力资本、农村基础设施、自然环境、种植结构对农业全要素生产率的影响。李欠男等（2019）认为农业全要素生产率在不同阶段的影响因素不同，当市场经济制度确立后，我国农业全要素生产率的空间收敛速度降低明显。林光华和陆盈盈（2019）探究了气候变化对我国冬小麦全要素生产率的影响，发现高温会通过降低技术效率和技术进步而明显降低冬小麦的全要素生产率。王亚飞等（2019）采用两步系统 GMM 估计农业 FDI 影响农业全要素生产率增长的效应，发现农业 FDI 对农业全要素生产率及其细分项具有十分明显的促进作用，但长期来看二者之间呈现倒"U"形趋势。展进涛等（2019）认为转变发展观念、加强技术研发是提升农业绿色全要素生产率的重要因素。朱秋博等（2019）则进一步认为，信息化发展对农业全要素生产率具有显著的促进作用，而这种促进作用来源于农业生产中技术效率的提高。

从针对农业产业集聚与农业绿色生产效率的研究来看，现有研究成果极少。程琳琳等（2018）分析了农业产业集聚对农业碳效率的影响，发现在现阶段农业产业集聚对农业碳效率产生正向的促进作用；但从长期来看，农业产业集聚与农业碳效率之间存在着明显的倒"U"形关系。张哲晰和穆月英（2019）从技术溢出和规模效应两个视角出发，重点研究了农业产业集聚对农业碳生产率的作用及其异质性，研究结果表明，随着农业产业集聚程度的提高，农业碳生产率将呈现出下降、上升、下降、上升的"W"形趋势。

综上所述，现有关于农业绿色发展和农业产业集聚的研究很少，并未对农业绿色生产效率的测算、农业产业集聚对农业绿色生产效率的影响效应及其区域异质性进行经验证据分析，难以有效评估农业集聚发展在农业绿色生产效率中的具体作用及效果。我国区域之间、省域之间均存在较大的差异性，农业绿色生产效率、农业产业集聚的发展也存在较大的异质性，在乡村振兴背景下，如何因地制宜地推动农业绿色崛起和转型发展，还需要进一步的经验证据支撑。为此，本书基于对我国 30 个省份 1990—2016 年的农业绿色生产效率的测度，进一步对农业产业集聚影响农业绿色生产效率的作用进行分析，研究我国不同地区之间的农业绿色生产效率以及区域异质性，进而提供具有针对性的政策建议。

6.2 研究假说

与第二、三产业不同，农业生产对地形、日照、气温等自然条件的依赖性较强，但与此同时，非自然因素对其的影响也在不断增强。正如前文理论部分分析的那样，农业产业集聚对农业绿色发展的效率会产生两种完全相反的影响。一方面，在大量农业生产主体向特定地区集聚的过程中，生产、生活、排污、治污等设施的使用人数将大幅度增长，其利用率也得到快速提升。此外，大量不同层次劳动力资源在该集聚区内集中，地理距离缩短带来的中间投入品的快速运输以及生产技术的快速传播，均有利于降低农业生产主体的生产成本；大量企业在特定区域的集中也有利于形成本地的区域品牌，从而在降低要素投入价格、扩大市场份额、强化竞争优势方面产生重要作用，提高农业生产主体采用绿色技术、提高生产效率、实现绿色生产的积极性，不断提升农业绿色发展效率。另一方面，农业产业集聚超过特定规模时，可能会对农业绿色发展效率产生反作用。大量企业在特定地理空间上过度集中，导致集聚区内劳动力、土地、资本等生产要素的价格快速增长；生产设备、技术研发设备、生产生活设施、交通运输设施、污染治理设施等无法满足产业发展所需，导致农业相关企业的生产成本不断上涨，从而限制了企业改善基础设施、采用绿色生产技术、更新生产设备、聘用高素质人才、加强污染治理的资金投入，不利于农业生产的绿色转型。因此，基于以上分析，提出本章第一个研究假说：

假说6-1：农业产业集聚对农业绿色生产效率的影响可能是非线性的。

我国幅员辽阔，地势西高东低，跨纬度较广，各个区域在光照、温度、水源、土地以及其他农业资源禀赋等方面的差异极大。尤其是土地资源，我国土地资源类型复杂多样、耕地比重较小、地区分布不均，且利用情况复杂，区域之间生产力差异较为明显。此外，区域间农业开发历史、农业生产技术水平、经济发展水平、基础设施、农村劳动力素质等方面的不同也导致农业产业集聚对农业绿色生产效率的作用存在地区差异。因此，提出本章第二个研究假说：

假说6-2：农业产业集聚对农业绿色生产效率的影响具有显著的区域异质性。

6.3 实证方法、变量说明与数据来源

6.3.1 农业绿色生产效率的测算方法

在经济学领域，比较常用的测算经济效率的方法主要包括随机前沿分析法和数据包络分析法，二者差异很大。随机前沿分析法作为一种经典的参数方法，其测算出的经济效率主要取决于研究者所设定的生产函数形式

与参数大小，而生产函数形式及参数大小与现实情况的差异决定了测算结果的正确性，该方法具有比较明显的非客观性。相反，数据包络分析法作为一种经典的非参数方法，由 Farrell M. J. （1957）提出，并由 Charnes A. （1979）等对其进行进一步扩展，从而可以评价和分析决策单元的相对效率。该方法基于经济学中的帕累托最优思想，选用投入指标和产出指标并通过线性规划来构建最优生产前沿面，并进一步将决策单元与最优生产前沿面做对比，从而最终得出各个决策单元的相对效率。当该相对效率低于 1 时，说明在该决策单元出现了投入不足或者产出冗余的问题，也说明存在着改善提升的空间；当该相对效率等于 1 时，说明在该决策单元的投入恰好满足要求，不存在产出冗余的问题。由于该方法不需要学者预先对函数的具体形式进行设定并进行参数估计，估计过程和估计结果的客观性较强，因此被广泛采用。在采用数据包络分析法测算经济效率的早期，学者们通常只考虑经济增长中的资本、劳动力、土地等要素投入，较少考虑在生产过程中的化石能源投入，以及伴随着期望产出而来的污染排放、垃圾排放等问题，在测算和评价真实的经济效率和社会福利时与现实出入较大。在当前生态发展、绿色发展、可持续发展成为社会各界的共识以及资源环境压力日益增大的背景下，将污染作为经济活动的投入要素或者非期望产出并将其纳入经济效率的分析框架，可以更加客观、全面地测算一个区域的经济绿色发展效率。对于污染的处理方式，部分学者将其作为经济活动中的投入要素，但这一方法并不符合社会经济的真实状况；更多的学者是将其作为经济生产活动中非期望产出，其中最著名的是学者 Tone （2001）根据数据包络分析法提出的 SBM 模型。该模型是基于松弛变量测度方法（slacks based measure，SBM）的一种 DEA 模型，可以有效避免因径向和角度选择带来的偏差和影响，与其他模型相比更能体现出生产的效率性。因此，本书参照刘志成等（2015）、黄永春和石秋平（2015）的做法，采用 SBM-undesirable 模型，将 1990—2016 年我国 30 个省份的农业绿色生产相关指标数据纳入同一决策单元集，以保证跨期效率值的可比性。

SBM-undesirable 模型的测算流程如下：首先假定农业生产部门拥有 n

个决策单元（DMU），各个决策单元都有相应的投入向量、期望产出向量和非期望产出向量，分别用 $x \in R_m$、$y^g \in R_{s1}$、$y^b \in R_{s2}$ 来表示。定义矩阵 X、Y^g、Y^b 分别为 $X = (x_{ij}) \in R_{m \times n}$、$Y^g = (y_{ij}^g) \in R_{s1 \times n}$、$Y^g = (y_{ij}^b) \in R_{s2 \times n}$。根据农业生产的实际情况，假设 $X > 0$、$Y^g > 0$、$Y^b > 0$，生产可能性的集合为 P，那么本书将 P 具体定义为

$$P = \{(x, y^g, y^b) \mid x \geqslant X\lambda,\ y^g \geqslant Y^g\lambda,\ y^b \geqslant Y^b\lambda,\ \lambda \geqslant 0\} \quad (6-1)$$

根据前文的分析，SBM–Undesirable 模型的具体形式为

$$\rho^* = \min \frac{1 - \dfrac{1}{m} \sum_{i=1}^{m} \dfrac{S_i^-}{X_{i0}}}{1 + \dfrac{1}{S_1 + S_2}\left(\sum_{r=1}^{S_1} \dfrac{S_r^g}{y_{r0}^g} + \sum_{r=1}^{S_2} \dfrac{S_r^b}{y_{r0}^b}\right)} \quad (6-2)$$

$$s.\,t. \begin{cases} x_0 = X\lambda + S^-;\ y_0^g = Y^g\lambda + S^g;\ y_0^b = Y^b\lambda + S^b \\ S^- \geqslant 0,\ S^g \geqslant 0,\ S^b \geqslant 0,\ \lambda \geqslant 0 \end{cases} \quad (6-3)$$

式中，S_i^-、S_r^g、S_r^b 分别代表第 i_0 个决策单元的投入冗余量、正产出不足量和副产出超标量，S^-、S^g、S^b 分别为相应的向量，λ 代表权重向量，ρ^* 代表目标函数且该目标函数具有严格递减的特征。$0 \leqslant \rho^* \leqslant 1$：①当 $\rho^* = 1$ 时，$S^1 = 0$、$S^g = 0$、$S^b = 0$，决策单元是有效率的；②当 $\rho^* \leqslant 1$ 时，S^-、S^g、S^b 中至少有一个不等于零，决策单元是无效率的。进一步来看，考虑到 SBM–undesirable 模型属于非线性规划模型，将该模型转换为线性规划模型时可以参考 Banker 等（1984）的方法。

基于本书研究目的，选取以下变量作为农业投入指标，具体包括：①劳动力投入，用第一产业年末从业人员总数（单位：万人）衡量；②土地投入，用总耕地面积（单位：千公顷）衡量；③化肥投入，用化肥施用量（折纯量）（单位：万吨）衡量；④农药投入，用农药使用量（单位：万吨）衡量；⑤农膜投入，用农膜使用量（单位：万吨）衡量；⑥农业机械动力投入，用农业机械总动力（单位：万千瓦）衡量；⑦灌溉投入，用有效灌溉面积（单位：公顷）衡量。

选取以下相关变量作为农业产出指标，具体包括：①合意产出变量，

用农林牧渔总产值（单位：亿元）衡量，采用1990年不变价进行处理；②非合意产出变量，用农业碳排放量（单位：万吨）衡量。农业碳排放主要来源于三个方面：①农用物资使用与农业生产活动，其中前者表示农业生产过程中投入的化肥、农药、农膜、农用柴油、电力，后者主要指土地的灌溉与翻耕，本书参照田云等（2014）的成果来确定相关系数；②水稻种植，水稻在生长过程中会排放CH_4，本书参考闵继胜等（2012）的成果来确定相关系数以及CH_4与CO_2的替换系数；③在养殖过程中，猪、牛、马、驴、骡、山羊、绵羊等牲畜肠道发酵和粪便管理系统产生的CH_4和N_2O，饲养周期、饲养量参照胡向东等（2010）、闵继胜等（2012）的相关计算方法进行调整，具体碳排放系数参照《2006年IPCC国家温室气体清单指南》。据此，构建农业碳排放测算公式为

$$E = \sum_{1}^{n} E_i = \sum_{1}^{n} T_i \times \delta_i \qquad (6\text{-}4)$$

式中，E代表农业排放的二氧化碳总量；E_i代表各个碳排放源的二氧化碳排放量；T_i代表各个碳排放源的总量；δ_i为各碳排放源的二氧化碳排放系数。具体排放系数如表6-1所示。

表6-1　农业二氧化碳排放源、排放系数与来源①

种类	碳源类别	碳排放系数	单位	来源
农业物资投入	化肥	0.895 6	kg/kg	IPCC（2006）、田云等（2012）
	农药	4.934 1	kg/kg	
	农膜	5.18	kg/kg	
	农用柴油	0.592 7	kg/kg	
农业生产活动	土地灌溉	20.476	kg/hm²	IPCC（2006）、田云等（2012）
	翻耕	3 126	kg/hm²	

① 农业灌溉的碳排放系数本为25kg/hm²，而我国农业灌溉的电力主要来源于火力发电，因此农业灌溉碳排放主要来源于火力发电对化石燃料的消耗，因此本书在25kg的基础上乘以我国的平均火电系数0.819，最终农业灌溉实取系数为20.476kg/hm²；在对农业碳排放量进行加总时统一将C、CH_4、N_2O置换成标准CO_2，依据IPCC第四次评估报告（2007），吨CH_4、N_2O引发的温室效应分别等同于25吨CO_2和298吨CO_2产生的温室效应。

表6-1(续)

种类	碳源类别	碳排放系数	单位	来源
水稻种植	水稻	338	kg/hm²	IPCC（2006）、王效科等（2003）
禽畜养殖	猪	270.44	kg/头	IPCC（2006）、闵继胜等（2012）、胡向东等（2010）
	奶牛	2 398	kg/头	
	肉牛	1 730.76	kg/头	
	马	905.22	kg/头	
	驴	686.72	kg/头	
	骡	686.72	kg/头	
	骆驼	1 612.22	kg/头	
	羊	227.34	kg/头	
	兔	14.31	kg/头	
	家禽	6.46	kg/头	

6.3.2 面板门限回归

本节重点分析农业产业集聚对农业绿色生产效率的门限效应。解决这一问题的常见回归方法主要包括加入核心解释变量的平方项与立方项、将样本进行分组回归等，此外，采用门限模型对面板数据进行回归也是一种有效的方法。

在回归分析中，解释变量的系数估计值的稳定性是学者重点关注的问题，如果进一步将整个样本划分为多个子样本，分别再做相应的回归分析，能否得到基本一致的系数估计值是十分重要的。门限回归模型将回归模型按照门限值分为多个区间，并针对不同区间构造不同的模型。门限模型的优点是可以精确获得发生重大变化的临界点，当解释变量达到特定临界值时，模型的斜率系数会发生重大变化，符合现实中的经济发展规律。本书采用 Hansen（1999）的门限面板回归模型，构建农业产业集聚与农业绿色生产效率的门限回归模型，用以分析二者之间的关系，对农业产业集聚与农业绿色生产效率的数据进行分析从而确定农业产业集聚的门限值，进一步捕捉农业绿色生产效率在长期发生重大变化时的非线性门限特征。相应地，其单一门限模型、二重门限模型、三重门限模型分别如式6-5、式6-6、式6-7所示。

单一门限模型：

$$Y_{it} = \mu_i + \beta_1' X_{it} \cdot I(q_{it} \leqslant \gamma_1) + \beta_2' X_{it} \cdot I(q_{it} > \gamma_1) + \varepsilon_{it} \quad (6-5)$$

双重门限模型：

$$Y_{it} = \mu_i + \beta_1' X_{it} \cdot I(q_{it} \leqslant \gamma_1) + \beta_2' X_{it} \cdot I(\gamma_1 < q_{it} \leqslant \gamma_2) +$$
$$\beta_3' X_{it} \cdot I(q_{it} > \gamma_2) + \varepsilon_{it} \quad (6-6)$$

三重门限模型：

$$Y_{it} = \mu_i + \beta_1' X_{it} \cdot I(q_{it} \leqslant \gamma_1) + \beta_2' X_{it} \cdot I(\gamma_1 < q_{it} \leqslant \gamma_2) +$$
$$\beta_3' X_{it} \cdot I(\gamma_2 < q_{it} \leqslant \gamma_3) + \beta_4' X_{it} \cdot I(q_{it} > \gamma_3) + \varepsilon_{it} \quad (6-7)$$

在上述模型中，Y_{it} 为被解释变量，X_{it} 为解释变量；$I(\cdot)$ 为某一特定指示函数，括号内为条件，当该条件成立时，该函数取值为 1，当条件不成立时，该函数取值为 0；γ_1、γ_2、γ_3 分别为门限临界值；β 为回归系数；μ_i、ε_{it} 分别为模型的固定效应与随机扰动项。

与其他估计方法类似，门限回归也会产生传统的 t 检验、F 检验以及拟合优度 R^2 等检验。除此之外，我们更加关注另外两个检验，分别为"门限效应是否确实存在""门限值与真实值是否相等"的检验。本书以单一门限模型为例进行分析。

在第一个检验中，为了检验门限效应是否存在这一问题，可做如下假设检验：

$$H_0: \beta_1 = \beta_2, \ H_1: \beta_1 \neq \beta_2$$

在此基础上构建 F 统计量进行进一步检验：

$$F = \frac{S_0 - S_1(\gamma)}{\sigma^2}, \ \text{True Value}: F_0$$

式中，S_0 代表门限效应不存在时的残差平方和，S_1 则代表门限效应存在时的残差平方和，$\sigma^2 = S_1 / [n(T-1)]$。在此基础上，采用自举抽样法（bootstrap）从所有个体中自举抽样出 n 个样本，采用上述检验方法分别对各个

样本在 H_0、H_1 条件下的模型进行估计并测算其 F 检验值。在 n 个 F 检验值中，大于 F_0 的 F 检验值的数量与 n 的比重即为经验 P 值，我们可以通过经验 P 值来判断是否拒绝"门限效应不存在"的原假设。

在第二个检验中，为了检验门限值与真实值是否相等这一问题，可做如下假设检验：

$$H_0: \hat{\gamma} = \gamma_0, \quad H_1: \hat{\gamma} \neq \gamma_0$$

其中，$\hat{\gamma}$、γ_0 分别为门限点的估计值与真实值。在此基础上，构建似然比统计量（LR）来检验模型能否拒绝原假设，LR 检验式为

$$LR(\gamma) = \frac{S_1(\gamma) - S_1(\hat{\gamma})}{\sigma^2} \tag{6-8}$$

此外，我们应当根据 Hansen（1999）构造的临界值的计算方法来对非拒绝域的临界值进行测算，计算方式为

$$c(\alpha) = -2\log[1 - (1 - \alpha)^2] \tag{6-9}$$

其中，α 为显著性水平，基于式 6-9，根据 LR 统计量的数值，并将其与非拒绝域的临界值进行对比，便可得出能否拒绝原假设的结论。

6.3.3 变量说明

被解释变量为农业绿色生产效率（GDE），根据前文选取的农业投入指标、农业合意产出指标、农业非合意产出指标，利用 Maxdea7.0 软件、采用 SBM-undesirable 模型计算得出。

核心解释变量为农业产业集聚度（AGC），根据第 4 章的公式计算得出。

门限变量（环境规制）。在分析农业产业集聚与农业绿色生产效率的非线性关系时，确定合理的门限变量十分重要。本书认为，随着我国经济发展不断取得更多的成就，人民群众的环保意识也会相应地提高，环境规制的严格程度也会不断提升，长期来看势必会对农业产业集聚产生影响，进而对农业绿色生产效率产生影响。更加严格的环境规制会对集聚区内农业生产主体的生产技术和治污排污成本产生直接影响，迫使经济主体采用

绿色清洁科技、加强环境保护。因此，以环境规制为门限变量，研究在不同环境规制程度区间农业产业集聚对农业绿色生产效率的影响程度具有较大的现实意义。参考张峰等（2019）的做法，本书以排污费解缴入库金额衡量环境规制。

其他控制变量分别如下：

科技创新（RD）。农业绿色发展的实质不仅是农业发展方式的转变，也是农业发展质量和农业生产绩效的突破性提高。在促进农业生产实现绿色转型的进程中，只有建立相应的绿色技术支撑体系，才能促进农业绿色发展的质量与生产绩效的提高，科技创新为农业绿色发展提供科学依据和技术支撑，其重要作用不容忽视。本书用科技创新投资占地区生产总值的比重进行衡量。

产业结构（STR）。第二、三产业的发展对农业绿色生产效率会产生两种不同的影响。一方面，第二、三产业的快速发展导致很多原本属于农业领域的劳动力资源、要素资源流入非农领域，压缩了农业的发展空间和农业绿色生产效率的提升空间；另一方面，第二、三产业也可以对农业生产提供必要的生产技术支持和科技支撑，扩大农产品的需求量，从而促进农业绿色生产效率的提升。本书参考黄繁华和王晶晶（2014）的做法，采用泰尔指数测算各个地区的产业结构合理化指数，计算公式如式 6-10 所示。

$$\text{TL} = \sum_i \frac{Y_i}{Y} \ln\left(\frac{Y_i}{L_i} \bigg/ \frac{Y}{L}\right) \tag{6-10}$$

其中，Y_i、L_i 分别表示为第 i 产业的产值与就业，Y、L 分别表示总产值与总就业。当泰尔指数为 0 时，经济处于完全均衡状态，三大产业均衡发展，适应当地的市场供求与资源配置状况；当泰尔指数不为 0 时，表明经济处于非均衡状态，三大产业存在不协同发展的问题。

资源禀赋（LAN）。与第二、三产业不同，农业产业对资源禀赋的依赖性较大，资源禀赋不仅直接决定了传统农业生产技术的发展方向，也间接决定了整个地区的社会经济发展状况（胡瑞法 等，2002；张彦虎，2013）。资源禀赋较强的地方，相应地农业生产的产出也较多，能为农业的技术革新、发展方式转变奠定雄厚的资本基础和基础设施基础。本书用农村可耕地总面积来进行衡量。

对外贸易（TRA）。加入 WTO 后，我国的对外贸易规模不断扩大，与世界各国的经济联系日益紧密。对外贸易规模的扩大，一方面有利于国际农业生产技术的承接、宣传与应用，从而直接促进我国农业绿色生产效率的提升，此外，对外贸易也对我国农产品的生产环境、生产技术、产品质量提出了高要求，从而倒逼国内农业生产主体自发推动农业的绿色转型；另一方面，对外贸易也会在一定程度上导致农业污染由发达国家流入发展中国家，产生市场挤出效应，阻碍农业绿色发展的进程。本书采用进出口贸易总额与地区生产总值的比重来进行衡量。

6.3.4 数据来源

本书基于 Stata 15.1 软件，对我国 30 个省份 1990—2016 年的面板数据进行研究，文中的指标数据来自相关年份的《中国统计年鉴》《中国区域统计年鉴》《中国农业统计年鉴》《中国农村统计年鉴》《中国农业统计资料》《中国畜牧业年鉴》和《新中国六十年统计资料》。为了增强数据的可靠性以及提高模型拟合效果，本书对部分数据进行对数化处理。

6.4 实证结果分析

6.4.1 我国农业绿色生产效率的现状

本书首先使用 Maxdea 7.0 软件、基于 SBM-undesirable 模型，根据前文所选的农业投入指标、合意产出指标、非合意产出指标测算了我国 30 个省份 1990—2016 年的农业绿色生产效率，具体结果如表 6-2 所示。

由表 6-2 可知，在 1990—2016 年共 27 年的时间内，我国农业绿色生产效率普遍实现了较大幅度的增长。从农业绿色生产效率的平均值来看，在区域层面，东北地区、东部地区、中部地区、西部地区的平均值分别为 0.312、0.456、0.319、0.341，其中东部地区最高、西部地区次之、中部地区第三、东北地区最低；排名前十的省份为海南、上海、广东、北京、福建、天津、湖南、青海、四川、贵州，这些地区主要位于东部地区和西部地区，其平均值均高于 0.42；其余各省份的平均值均低于 0.42，其中山西、甘肃两省的平均值最低，分别为 0.189 和 0.173，均值较低的地区绝大部分位于西部地区。从农业绿色生产效率的增长幅度来看，我国所有省份的农业绿色生产效率都出现了大幅度的提升，在区域层面，东北地区、东部地区、中部地区、西部地区的平均增长幅度分别为 0.293、0.529、0.396、0.358，其中东部地区最高、中部地区次之、西部地区第三、东北地区最低，这与前文的分析结果保持一致；在省级层面，增长幅度较大的地区绝大部分位于中部地区和西部地区，陕西、广东、北京、江苏、湖北、天津、湖南、福建、浙江、青海 10 个省份的农业绿色生产效率增幅均在 0.7 以上，取得了极大的提升；河南、山西、上海、吉林、云南、内蒙古、甘肃、安徽、海南、贵州 10 个省份的农业绿色生产效率增幅均低于 0.2，其中海南、贵州的增幅为 0，表明这 27 年间变动幅度极小。各个地区农业绿色生产效率的增长幅度并不一致，但这并不能表明增长幅度较小的地区其农业绿色生产效率就处于绝对高或者绝对低的状态，因此，本书进一步对各个地区农业绿色生产效率的绝对值进行分析。在 1990 年，只有海南和贵州两省的农业绿色生产效率为 1，其余各省份均低于 0.4，其中辽宁、甘肃、宁夏、陕西、新疆、山西、河北均低于 0.2。在 2016 年，海南、贵州、四川、浙江、青海、福建、湖南、天津、湖北、江苏、北京、广东、陕西 13 个省份的农业绿色生产效率达到了 1，主要位于东部地区；其余各省份均低于 0.7，而最低的省为甘肃，其农业绿色生产效率仅为 0.266，发展较为缓慢。

表 6-2　1990—2016 年主要年份我国农业绿色生产效率

区域	地区	1990 年	1994 年	1998 年	2002 年	2006 年	2010 年	2014 年	2016 年	均值	排序
东北地区	辽宁	0.194	0.212	0.253	0.275	0.375	0.497	0.708	0.686	0.383	14
	吉林	0.233	0.299	0.262	0.211	0.284	0.341	0.407	0.377	0.294	19
	黑龙江	0.246	0.219	0.168	0.163	0.214	0.294	0.467	0.487	0.259	25
	均值	0.224	0.243	0.228	0.216	0.291	0.377	0.527	0.517	0.312	—

表6-2(续)

区域	地区	1990 年	1994 年	1998 年	2002 年	2006 年	2010 年	2014 年	2016 年	均值	排序
东部地区	海南	1.000	1.000	1.000	0.656	0.542	0.576	1.000	1.000	0.826	1
	上海	0.385	0.274	0.282	0.363	0.452	0.878	0.702	0.530	0.537	2
	广东	0.202	0.314	0.420	0.396	0.582	0.649	0.841	1.000	0.519	4
	北京	0.210	0.303	0.292	0.415	0.529	0.659	1.000	1.000	0.509	5
	福建	0.251	0.330	0.385	0.349	0.399	0.551	0.806	1.000	0.464	6
	天津	0.229	0.244	0.270	0.308	0.392	1.000	0.566	1.000	0.427	10
	江苏	0.223	0.285	0.268	0.279	0.344	0.490	0.803	1.000	0.417	11
	浙江	0.254	0.260	0.255	0.260	0.316	0.423	0.526	1.000	0.356	17
	山东	0.244	0.158	0.168	0.165	0.238	0.369	0.499	0.508	0.274	23
	河北	0.148	0.152	0.173	0.179	0.225	0.324	0.393	0.407	0.235	28
	均值	0.315	0.332	0.351	0.337	0.402	0.592	0.714	0.844	0.456	—
中部地区	湖南	0.237	0.200	0.302	0.285	0.370	0.618	0.807	1.000	0.453	7
	江西	0.225	0.313	0.283	0.284	0.322	0.419	0.555	0.680	0.360	15
	湖北	0.227	0.227	0.227	0.229	0.302	0.445	0.641	1.000	0.359	16
	河南	0.246	0.178	0.209	0.214	0.301	0.388	0.426	0.421	0.285	21
	安徽	0.392	0.218	0.207	0.206	0.229	0.320	0.394	0.425	0.268	24
	山西	0.163	0.144	0.141	0.130	0.156	0.277	0.328	0.336	0.189	29
	均值	0.248	0.214	0.228	0.225	0.280	0.411	0.525	0.644	0.319	—
西部地区	青海	0.254	1.000	0.274	0.297	0.449	0.770	1.000	1.000	0.526	3
	四川	0.260	0.260	0.298	0.293	0.395	0.549	0.718	1.000	0.440	8
	贵州	1.000	0.326	0.346	0.265	0.280	0.349	0.630	1.000	0.428	9
	陕西	0.168	0.215	0.203	0.215	0.307	0.535	1.000	1.000	0.394	12
	广西	0.262	0.276	0.284	0.249	0.373	0.486	0.586	0.673	0.384	13
	重庆	0.272	0.261	0.297	0.256	0.301	0.387	0.518	0.660	0.346	18
	内蒙古	0.221	0.296	0.235	0.233	0.296	0.338	0.384	0.338	0.291	20
	新疆	0.168	1.000	0.165	0.179	0.228	0.381	0.374	0.398	0.282	22
	云南	0.255	0.193	0.186	0.185	0.245	0.264	0.360	0.378	0.246	26
	宁夏	0.170	0.186	0.158	0.165	0.231	0.295	0.405	0.447	0.237	27
	甘肃	0.188	0.159	0.138	0.128	0.158	0.209	0.241	0.266	0.173	30
	均值	0.293	0.379	0.235	0.224	0.297	0.415	0.565	0.651	0.341	—

在前文分析的基础上，本书进一步运用变异系数来分析我国不同地区之间农业绿色生产效率的变动差异程度，其计算公式为

$$V = \frac{\sqrt{\dfrac{\sum\limits_{i=1}^{n}(X_i - X)^2}{n}}}{X} \tag{6-11}$$

式中，V 为变异系数值；X_i 为我国各个地区的农业绿色生产效率样本值；X 为各个地区的农业绿色生产效率平均值；n 为样本的城市数。V 值越大，表示各个地区的农业绿色生产效率差异越大，均衡性较差；V 值越小，表明各个地区的农业绿色生产效率差异越小，均衡性较好。时间序列上的 V 值可以用来表征各个地区的农业绿色生产效率存在扩大或趋同的趋势。

由图 6-1 可知，1990—2016 年，我国农业绿色生产效率的变异系数呈现出明显的波动性下降趋势。在 1990—1991 年、1992—1994 年、1995—1999 年、2003—2004 年、2005—2008 年、2012—2016 年六个时期内，我国农业绿色生产效率的变异系数出现了不同程度的上升现象，在其他时期则呈现下降趋势，但总体而言变异系数呈现出下降趋势。1990 年的变异系数超过 0.7，表明由于经济基础、资源禀赋、技术水平、政策扶持等方面的不同，我国各个省份的农业绿色生产效率存在较大差异，差距十分明显；而到 2016 年，变异系数下降为 0.4，表明随着我国社会经济的全面进步以及科技创新在全国范围内的传播，我国各个地区农业绿色生产效率均获得了大幅度上升，从而缩小了省际差距。

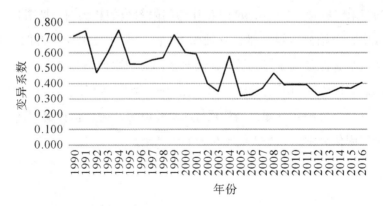

图 6-1　1990—2016 年我国各省农业绿色生产效率的变异系数

6.4.2 全国层面分析

6.4.2.1 门限条件检验

本书首先基于 F 统计值和 LR 统计值对环境规制门限的个数和真实性进行检验。表 6-3 展示了在以环境规制作为门限变量时，回归模型的 F 统计值、P 值、门限值与置信区间。在模型中，单一门限在 1% 的显著性水平上通过检验，拒绝了解释变量与被解释变量之间为线性关系的原假设，二重门限在 10% 的显著性水平上通过检验，而三重门限没有在 10% 的水平上通过显著性检验，表明无法拒绝原模型为二重门限的原假设，因此，综合以上检验可知，农业产业集聚与农业绿色生产效率之间确实存在着以环境规制为二重门限的非线性关系。

表 6-3　基于模型 2 的环境规制门限效应检验结果

门限	F 值	P 值	10%	5%	1%	BS 次数	门限值	95%置信区间
单一门限	165.58	0.000	81.481	96.367	121.656	300	1.931	[1.861, 1.938]
二重门限	59.25	0.077	56.201	63.712	78.663	300	1.889	[1.816, 1.892]
							5.170	[5.139, 5.213]
三重门限	32.36	0.997	121.759	130.999	150.976	300	0.469	[0.428, 0.472]

进一步地，本书根据模型的检验结果，绘制了在二重门限下、以环境规制作为门限变量时，似然比函数 LR 作为门限参数的趋势图，见图 6-2。在图 6-2 中，横轴为门限变量、纵轴为 LR 值，虚线为 95% 显著性参考线，曲线落入显著性参考线下的部分，表明该部分门限值是显著存在的。当以环境规制强度作为门限变量时，似然比函数 LR 作为门限参数的趋势变化见图 6-2。由图 6-2 可知，当似然比 LR 的值为 0 时，估计得到的环境规制强度门限值分别为 1.889 亿元和 5.170 亿元。

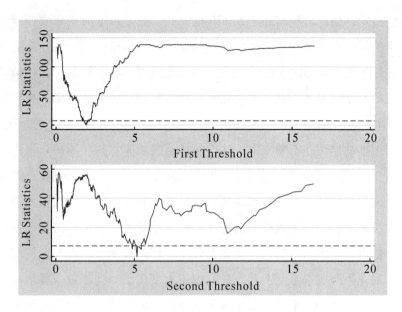

图 6-2　全国层面二重门限模型的 LR 检验残差

6.4.2.2　回归结果分析

根据前文分析结果，对模型中的被解释变量和解释变量做平稳性检验，平稳性检验结果表明本书的所有变量都属于平稳性序列。考虑到本书的数据是 1990—2016 年我国 30 个月份 27 年的数据，该数据属于短面板类型，因此可以忽略文中的自相关性问题；方差膨胀因子 VIF 检验结果也表明本书不存在多重共线性问题。为了便于比较和增强回归结果的稳健性，本书首先对全国样本进行面板门限回归，其次，在回归模型中引入农业产业集聚及其平方项、立方项，采用随机效应、固定效应和 FGLS 回归法对模型进行估计，具体结果见表 6-4。

从表 6-4 可以看出，农业产业集聚对农业绿色生产效率影响的面板门限回归结果中，在不同的环境规制程度下，农业产业集聚对农业绿色生产效率具有十分显著的门限效应。

当环境规制低于 1.889 亿元时，农业产业集聚对农业绿色生产效率的系数为-0.116 并通过显著性检验；当环境规制高于 1.188 9 亿元且低于 5.170 亿元时，农业产业集聚对农业绿色生产效率的系数为 0.151 并通过显著性检验；当环境规制高于 5.170 亿元时，农业产业集聚对农业绿色生产效率的系数为 0.390 并通过显著性检验。由此可以得出，农业产业集聚与农业绿色生产效率之间的关系并非简单的线性关系，而是存在持续增强的变化的非线性关系，农业产业集聚最初对农业绿色生产效率产生抑制作用，随着环境规制力度的不断提升，这种抑制作用不断减少直至为 0，之后则产生推动作用并不断变强。这也与林伯强和谭睿鹏（2019）得出的结论一致。造成这种现象的原因是，当环境规制力度较低时，农业产业集聚区的进入门限较低，生产技术落后、资源消耗较大、发展方式粗放的生产主体大量集中，从而导致资源消耗加大和污染排放加剧；集聚区内基础设施较为落后，防污治污的设备覆盖面较小、使用效率较低；与此同时，集聚区内农业生产成本急剧上升、科技创新力度减缓、拥挤效应等规模不经济的现象日益显现，不利于农业绿色生产效率的提升。随着环境规制力度的不断提升，农业生产主体不得不重视对绿色生产技术的使用和对农业污染的治理。集聚区内防污治污等基础设施不断完善，企业污染治理的均摊成本持续下降；与此同时，资本、劳动力、科学技术等要素的集聚和合理流动，生产生活设施的共享等，也有利于提高农业绿色生产效率。随着环境规制的进一步强化，农业产业集聚对农业绿色生产效率的抑制作用在不断降低，促进作用则不断增强。

在与门限回归结果做对比的随机效应回归、固定效应回归和 FGLS 回归的结果中，农业产业集聚及其平方项、立方项的系数分别为负、正、负，且均通过显著性检验，表明随着农业产业集聚度的提高，农业绿色生产效率呈现出先降低后增长再降低的趋势，进一步证明了二者之间的非线性关系确实存在。以上分析验证了前文提出的假说 6-1。

从科技创新、产业结构、资源禀赋、对外贸易四个控制变量来看，科技创新的系数在所有回归结果中均为正且均在 1% 的水平上显著，由此可以看出，在推动农业绿色发展、提高农业绿色生产效率的进程中，科技创新发挥着十分重要的作用，不仅可以提高生产效率，实现生产要素投入的最大化利用，也可以提高污染的治理效率，从而推动农业绿色生产效率的进一步提升。产业结构的系数均为正且均在1%的水平上显著，表明随着产业结构合理化程度的进一步提高，第二、三产业的发展不仅没有挤压农业发展的空间以及过度攫取原本属于农业生产部门的资源，反而通过提供支持服务、促进技术改进等渠道推动着农业经济的绿色转型。资源禀赋在除固定效应回归结果外的所有回归结果中，其系数均为负且均在1%的水平上显著，表明随着农业的进一步发展，资本要素、科技要素的重要性不断凸显，资源禀赋的重要性不断降低，甚至还会遏制农业绿色生产效率的提高。对外贸易的系数仅在FGLS回归结果中系数为负且在1%的水平上显著，但系数的绝对值很小，表明对外贸易对我国农业绿色生产效率起到了推动作用，也表明我国的对外贸易可能存在污染天堂效应，从而对我国农业经济实现绿色转型带来不利影响，这也启示我们，为了提高农业绿色生产效率，应在继续扩大对外贸易规模的同时，更加注意贸易的产品结构与质量优化。

表 6-4　全国层面回归结果

估计方法	门限回归	普通面板回归		FGLS 回归
		随机效应	固定效应	
AGC	—	-1.380^{***} (0.411)	-3.454^{***} (0.465)	0.204^{***} (0.0392)
AGC^2	—	1.261^{***} (0.290)	2.424^{***} (0.314)	0.113^{***} (0.0314)
AGC^3	—	-0.287^{***} (0.0640)	-0.507^{***} (0.0677)	-0.0924^{***} (0.0080)
lnRD	0.284^{***} (0.0265)	0.417^{***} (0.0267)	0.428^{***} (0.0268)	0.0443^{***} (0.0022)
lnSTR	0.397^{***} (0.0790)	0.266^{***} (0.0823)	0.325^{***} (0.0867)	0.421^{***} (0.0044)
lnLAN	-0.410^{***} (0.0596)	-0.0900^{**} (0.0425)	-0.0901 (0.0639)	-0.533^{***} (0.0057)
TRA	0.0515 (0.0620)	0.0122 (0.0679)	-0.00474 (0.0696)	-0.0501^{***} (0.0057)

表6-4(续)

估计方法	门限回归	普通面板回归		FGLS回归
		随机效应	固定效应	
AGC×I-LER	−0.116 * (0.068 7)	—	—	—
AGC×I-MER	0.151 ** (0.068 0)	—	—	—
AGC×I-HER	0.390 *** (0.075 5)	—	—	—
Constant	3.532 *** (0.478)	1.970 *** (0.334)	3.116 *** (0.525)	2.695 *** (0.059 9)
Observations	810	810	810	810
R-squared	0.498	0.367 8	0.393	
F	45.71 ***	—	41.27 ***	—

注：AGC×I-LER、AGC×I-MER、AGC×I-HER分别表示低、中、高三个环境规制程度下的农业产业集聚的估计值，低、中、高三个阶段依据表6-4中环境规制的门限估计值划分而得；括号中的数字表示标准差；*、**、***分别表示在10%、5%、1%的水平上显著。

6.4.3 区域层面分析

为了进一步分析和检验农业产业集聚影响农业绿色生产效率的区域异质性，本书根据现有的区域划分方式，将研究涉及的30个省份划分为东北、东部、中部、西部四大区域，分别包含3、10、6、11个省份，对各个区域农业产业集聚影响农业绿色发展绩效进行实证分析。

6.4.3.1 门限条件检验

与全国层面类似，本书基于F统计值和LR统计值对环境规制门限的个数和真实性进行检验。表6-5展示了在以环境规制作为门限变量时，各个区域基于回归模型2的F统计值、P值、门限值与置信区间。在模型中，中部地区、西部地区的单一门限分别在1%和5%的显著性水平上通过检验，拒绝了解释变量与被解释变量之间为线性关系的原假设，东北地区和东部地区不显著；东北地区的二重门限在1%的显著性水平上通过检验，拒绝了原模型为单一门限的原假设，其他区域均不显著；所有地区的三重门限都没有通过显著性检验，表明无法拒绝原模型为二重门限的原假设。综合以上检验可知，东北地区农业产业集聚与农业绿色生产效率之间存在着以环境规制为二重门限的非线性关系，中部地区、西部地区存在着以环境规制为单一门限的非线性关系，东部地区则不存在门限效应。

表 6-5　基于模型 2 的区域层面环境规制门限效应检验结果

门限	F	P 值	10%	5%	1%	BS 次数	门限值	95%置信区间
东北地区								
单一门限	32.62	0.267	44.807	63.807	69.189	300	8.706 7	[6.354, 8.715]
二重门限	45.07	0.000	15.585	15.940	17.944	300	3.011 4	[2.500, 3.046 4]
三重门限	7.64	0.693	23.069	24.775	28.518	300	2.041 8	[1.868, 2.075]
东部地区								
单一门限	5.01	0.963	34.864	42.107	59.008	300	13.124	[12.969, 13.565]
二重门限	4.50	0.940	21.539	23.915	32.175	300	1.775	[1.762, 1.849]
三重门限	3.96	0.963	17.864	21.059	25.790	300	0.088	—
中部地区								
单一门限	59.53	0.000	28.366	32.585	44.620	300	3.617	[2.882, 3.700]
二重门限	17.61	0.273	25.984	29.064	36.780	300	5.688	[5.313, 5.701]
三重门限	8.43	0.727	32.809	50.702	68.974	300	10.439	[9.061, 11.180]
西部地区								
单一门限	97.64	0.003	43.146	50.475	72.720	300	1.957	[1.835, 1.966]
二重门限	25.36	0.140	29.940	34.638	47.648	300	0.087	[0.085, 0.095]
三重门限	15.84	0.733	38.045	47.917	73.711	300	0.833	[0.679, 0.855]

6.4.3.2　回归结果分析

与全国层面类似，本书对区域层面的变量进行平稳性检验，对模型进行多重共线性检验，结果表明区域层面所有变量均属于平稳序列，也不存在多重共线性问题。为了便于比较和增强回归结果的稳健性，本书首先对区域层面存在门限效应的东北地区、中部地区、西部地区的区域样本进行面板门限回归；其次，在回归模型中引入农业产业集聚及其平方项、立方项，采用固定效应和 FGLS 回归法对模型进行估计。具体结果见表 6-6、表 6-7。

表 6-6　区域层面回归结果（1）

区域	东北地区	中部地区	西部地区
lnRD	0.139 * （0.080 2）	0.344 *** （0.067 2）	0.050 3 （0.065 4）
lnSTR	0.561 *** （0.186）	0.607 ** （0.246）	0.416 *** （0.102）
lnLAN	0.200 （0.178）	0.078 7 （0.174）	-0.199 ** （0.097 3）
TRA	-0.207 （0.402）	-3.916 *** （0.687）	0.216 （0.447）
AGC×I-LER	0.099 3 （0.105）	-0.416 *** （0.148）	-0.387 *** （0.133）
AGC×I-MER	0.406 *** （0.105）	-0.093 7 （0.153）	-0.022 9 （0.130）
AGC×I-HER	1.076 *** （0.128）	—	—
Constant	-2.505 （1.666）	0.662 （1.576）	1.151 （0.811）
样本量	81	162	297
R-squared	0.872	0.742	0.388
F	69.38	71.94	29.57

注：AGC×I-LER、AGC×I-MER、AGC×I-HER 分别表示低、中、高三个环境规制程度下的农业产业集聚的估计值，低、中、高三个阶段依据表 6-5 中环境规制的门限估计值划分而得；括号中的数字表示标准差；*、**、*** 分别表示在 10%、5%、1% 的水平上显著。

表6-7　区域层面回归结果（2）

区域	东北地区		东部地区		中部地区		西部地区	
估计方法	OLS	FGLS	OLS	FGLS	OLS	FGLS	OLS	FGLS
AGC	10.32*** (2.274)	3.947*** (1.334)	-4.515*** (0.442)	-0.834*** (0.207)	-1.220 (2.671)	3.518*** (1.217)	-12.43** (4.827)	-0.099 9 (0.702)
AGC2	-7.177*** (1.866)	-3.305*** (1.036)	2.986*** (0.356)	0.428** (0.168)	1.197 (2.789)	-3.365*** (1.310)	8.029** (3.598)	0.095 5 (0.537)
AGC3	1.610*** (0.493)	0.870*** (0.264)	-0.596*** (0.081 0)	-0.123*** (0.035 5)	-0.435 (0.893)	1.003** (0.420)	-1.664* (0.865)	-0.024 0 (0.133)
lnRD	0.400*** (0.104)	0.088 7 (0.057 8)	0.167*** (0.034 9)	-0.068*** (0.022 3)	0.652*** (0.067 0)	0.243*** (0.047 0)	0.257*** (0.070 2)	0.034 2** (0.017 0)
lnSTR	1.082*** (0.272)	1.068*** (0.156)	2.593*** (0.310)	1.668*** (0.105)	0.636* (0.334)	0.192 (0.159)	0.351*** (0.117)	0.214*** (0.031 0)
lnLAN	0.576** (0.237)	-1.024*** (0.180)	-0.468*** (0.074 4)	-0.379*** (0.038 6)	0.140 (0.210)	-1.040*** (0.150)	0.075 1 (0.105)	-0.565*** (0.049 0)
TRA	-1.816*** (0.510)	-0.440 (0.298)	-0.011 (0.050 7)	-0.068*** (0.016 8)	-3.450*** (0.870)	-2.733*** (0.389)	0.423 (0.529)	-0.109 (0.119)
Constant	-8.409*** (2.372)	6.586*** (1.884)	5.223*** (0.526)	0.914*** (0.273)	1.800 (2.029)	7.402*** (1.342)	5.727** (2.431)	2.943*** (0.536)
样本量	81	81	270	270	162	162	297	297
R-squared	0.745	—	0.740	—	0.629	—	0.221	—
F	20.93	—	64.31	—	13.46	—	16.58	—

注：括号中的数字表示标准差；*、**、***分别表示在10%、5%、1%的水平上显著。

从表6-6可以看出，农业产业集聚对农业绿色生产效率影响的面板门限回归结果中，在不同的环境规制程度中，东北地区、中部地区、西部地区的农业产业集聚对农业绿色生产效率具有十分显著的门限效应，且这种门限效应在不同区域一直十分明显。在东北地区，当环境规制低于3.011亿元时，农业产业集聚对农业绿色生产效率的系数为0.099但是未通过显著性检验；当环境规制高于3.011亿元且低于8.707亿元时，农业产业集聚对农业绿色生产效率的系数为0.406并且在1%的水平上通过显著性检验；当环境规制高于8.707亿元时，农业产业集聚对农业绿色生产效率的系数为1.076且在1%的水平上通过显著性检验，表明在东北地区，农业产业集聚对农业绿色生产效率主要产生促进作用，而且这种促进作用会随着环境规制强度的提高而持续增强。在中部地区，当环境规制低于3.617亿元时，农业产业集聚对农业绿色生产效率的系数为0.416并且在1%的水平上通过显著性检验；当环境规制高于3.617亿元时，农业产业集聚对农业绿色生产效率的系数为-0.094但未通过显著性检验，表明在中部地区，农业产业集聚对农业绿色生产效率的作用主要为负，但随着环境规制强度的提高，这种负面作用在不断衰减。在西部地区，当环境规制低于1.957亿元时，农业产业集聚对农业绿色生产效率的系数为-0.387并在1%的水平上通过显著性检验；当环境规制高于1.957亿元时，农业产业集聚对农业绿色生产效率的系数为-0.229但是未通过显著性检验；当环境规制高于1.900亿元时，农业产业集聚对农业绿色生产效率的系数为-0.173但未通过显著性检验，表明西部地区与中部地区类似，农业产业集聚与农业绿色生产效率之间存在持续减弱的非线性关系，主要表现为随着环境规制力度的持续提高，农业产业集聚对农业绿色生产效率的抑制作用在不断弱化。

从表6-7来看，从与门限回归结果做对比的固定效应回归和FGLS回归的结果可以看出，二者在系数和显著性方面差异较小，考虑到FGLS估计在解决自相关或异方差问题方面的优势，本书主要根据这个估计结果进行分析。

农业产业集聚及其平方项、立方项的系数在东北地区、中部地区均分别为正、负、正，且均至少在 10% 的水平上通过显著性检验，表明在这两个区域，随着农业产业集聚度的提高，农业绿色生产效率将呈现出先增长、后降低、再增长的趋势，二者之间的关系呈正"N"形。农业产业集聚及其平方项、立方项的系数在东部地区和西部地区的 OLS 回归估计中分别为负、正、负，且均至少在 10% 的水平上通过了显著性检验，但是在 FGLS 估计中则都未在 10% 的水平上通过显著性检验，表明在东部地区和西部地区，随着农业产业集聚度的提高，农业绿色生产效率呈现出先降低、后增长、再降低的趋势，二者之间的关系呈倒"N"形，与全国层面保持一致。以上分析进一步证明了农业产业集聚影响农业绿色生产效率的异质性确实存在。以上分析验证了前文提出的假说 6-2。

从科技创新、产业结构、资源禀赋、对外贸易四个控制变量来看，科技创新除了在东部地区的 FGLS 回归中系数为负外，在其他地区的所有模型中系数均为正且均至少在 10% 的水平上通过显著性检验；产业结构的系数在所有地区的回归结果中均为正，且除中部地区 FGLS 回归不显著外，均至少在 10% 的水平上显著。由此可以看出，科技创新和产业结构对农业绿色生产效率的推动作用具有普遍性。资源禀赋在所有地区的回归结果中系数均为负且通过显著性检验，原因与前文分析一致。对外贸易在东部地区和中部地区的回归结果中系数均为负且通过显著性检验，在东北地区和西部地区的回归结果中系数为负但并未通过显著性检验，表明对外贸易对东部地区和中部地区等外贸较为发达地区的农业绿色生产效率产生了抑制作用，也进一步说明通过对外贸易来推动农业绿色生产效率的提高依然任重道远。

6.4.4　稳健性检验

为了避免计量结果存在偏误，本书进一步采用变动门限变量和变动估计方法的方式对前文得出的结论进行稳健性检验。

本书参考傅京燕和赵春梅（2014）的做法，分别采用人均 GDP（单位：万元）和污染治理项目本年完成投资（单位：亿元）来表征环境规制作为门限变量，对模型进行门限回归。基于 F 统计值和 LR 统计值对新环境规制门限的个数和真实性进行检验，表 6-8 展示了在新的两个门限变量下，回归模型的 F 统计值、P 值、门限值与置信区间，其中三重门限没有通过显著性检验，单一门限、二重门限均至少在 10% 的显著性水平上通过检验，拒绝了原模型为三重门限的原假设。由表 6-9 可以得知，在门限回归中，在新的环境规制变量下，农业产业集聚对农业绿色生产效率依然具有十分显著的门限效应。因此，在以人均 GDP 为新的环境规制门限变量时，农业产业集聚与农业绿色生产效率依然存在着非线性关系。当环境规制低于 0.384 万元时，农业产业集聚对农业绿色生产效率的系数为 -0.310 并在 1% 的水平上通过显著性检验；当环境规制高于 0.384 万元且低于 2.421 万元时，农业产业集聚对农业绿色生产效率的系数为 -0.075 6 但并未通过显著性检验；当环境规制高于 2.421 万元时，农业产业集聚对农业绿色生产效率的系数为 0.266 并在 1% 的水平上通过显著性检验。在以污染治理项目本年完成投资（单位：亿元）为门限变量的回归中，当环境规制低于 3.254 亿元时，农业产业集聚对农业绿色生产效率的系数为 0.173 并在 1% 的水平上通过显著性检验；当环境规制高于 3.254 亿元且低于 10.370 亿元时，农业产业集聚对农业绿色生产效率的系数为 0.000 2 但未通过显著性检验；当环境规制高于 10.370 亿元时，农业产业集聚对农业绿色生产效率的系数为 0.259 并在 1% 的水平上通过显著性检验。由此可以得出，在新的环境规制变量作为门限变量时，农业产业集聚与农业绿色生产效率之间依然存在非线性关系，随着环境规制力度的不断提升，农业产业集聚对农业绿色生产效率的抑制作用在不断弱化，而促进作用产生并不断强化。以上分析也进一步证明了前文分析结论的稳健性。

表 6-8　基于模型 2 的环境规制门限效应检验结果

门限	F	P 值	10%	5%	1%	BS次数	门限值	95%置信区间
门限变量 1								
单一门限	288.95	0.000	117.432	131.791	172.076	300	2.421	[2.385, 2.433]
二重门限	111.78	0.003	50.140	57.407	85.308	300	0.384	[0.371, 0.391]
三重门限	91.73	0.723	188.067	209.898	242.578	300	4.530	[4.445, 4.686]
门限变量 2								
单一门限	165.86	0.000	66.194	73.272	88.316	300	8.412	[7.810, 8.564]
二重门限	46.73	0.057	39.404	49.672	61.273	300	10.370	[10.246, 10.432]
							3.254	[2.946, 3.281]
三重门限	31.68	0.917	95.837	104.215	115.346	300	25.286	[24.680, 26.142]

　　一方面,针对理论部分对农业产业集聚与农业绿色生产效率之间非线性关系的分析,本书在前文中设计计量模型的具体类型时,主要通过建立门限回归模型以及在回归中引入农业产业集聚及其平方项、立方项的方法来检验二者之间的非线性关系;另一方面,我们应当考虑到,农业产业集聚对农业绿色生产效率的具体影响与影响大小,主要取决于计量模型的设定与回归方法的采用,如果在模型设定时未考虑周全,那么将导致研究结论缺乏合理性。因此,本书依然借鉴赵洋(2017)的做法,采用同时包含"参数部分"和"非参数部分"的"半参数模型"进行回归,具体的模型设定和步骤见本书第 5 章第 5 节,在此不再赘述。回归结果和核回归图分别见表 6-9 和图 6-3。

表 6-9　稳健性检验回归结果

回归方法	门限回归		半参数回归
	门限变量 1	门限变量 2	
lnRD	0.256 *** (0.024 9)	0.294 *** (0.026 5)	0.304 *** (0.026 2)
lnSTR	0.252 *** (0.072 4)	0.327 *** (0.080 1)	0.272 *** (0.055 3)
lnLAN	-0.555 *** (0.057 7)	-0.466 *** (0.062 0)	-0.224 *** (0.024 5)

表6-9(续)

回归方法	门限回归		半参数回归
	门限变量1	门限变量2	
TRA	0.134 ** (0.056 5)	0.044 0 (0.062 5)	0.267 *** (0.065 7)
AGC×I-LER	−0.310 *** (0.064 3)	−0.173 ** (0.069 1)	—
AGC×I-MER	−0.075 6 (0.062 0)	0.000 220 (0.069 8)	—
AGC×I-HER	0.266 *** (0.063 0)	0.259 *** (0.069 9)	—
Constant	4.585 *** (0.470)	4.053 *** (0.491)	—
样本量	810	810	810
R-squared	0.582	0.491	0.273

注：括号中的数字表示标准差；*、**、***分别表示在10%、5%、1%的水平上显著；AGC×I-LER、AGC×I-MER、AGC×I-HER分别表示低、中、高三个环境规制程度下的农业产业集聚的估计值，低、中、高三个阶段依据表6-8中环境规制的门限估计值划分而得。

由图6-3可以看出，农业产业集聚与农业绿色生产效率之间呈现出明显的非线性关系。具体表现为，随着农业产业集聚的提高，农业绿色生产效率将呈现出先下降、再增长、再下降的趋势，这说明前文分析中采用门限回归、引入农业产业集聚及其平方项、立方项的做法是合理的，也进一步证明了本书研究结果的稳健性。

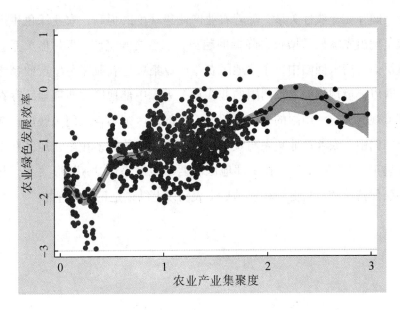

图 6-3　农业绿色生产效率对农业产业集聚的核回归图

6.5　本章小结

本章收集了大量关于农业产业集聚与农业绿色生产效率的前沿研究成果并对其进行总结和梳理，在此基础上提出了农业产业集聚影响农业绿色生产效率的相关理论假说。本书参考了现有学者的做法，选取了相关指标并使用 Maxdea 7.0 软件、基于 SBM-undesirable 模型测算了我国 30 个省份1990—2016 年的农业绿色生产效率，从区域层面和省级层面对其发展现状及波动性进行了分析。在此基础上，本书采用面板门限、随机效应、固定效应和 FGLS 回归法对全国层面和区域层面农业产业集聚对农业绿色发展的效率进行实证分析。结果表明：①全国层面，门限回归中，农业产业集聚对农业绿色生产效率的影响具有门限效应，随着环境规制力度的提高，农业产业集聚对农业绿色生产效率的作用由负向转为正向，且这种作用在不断增强；其他普通面板回归结果也表明，农业产业集聚与农业绿色生产效率之间存在非线性关系，随着农业产业集聚度的提高，农业绿色生产效率将呈现出先降低后增长再降低的趋势，二者之间呈倒"N"形关系。②区域层面，门限回归中，东北地区农业产业集聚与农业绿色生产效率之间存在着以环境规制为二重门限的非线性关系，中部地区、西部地区存在着以环境规制为单一门限的非线性关系，东部地区则不存在门限效应；普通面板回归中，农业产业集聚与农业绿色生产效率的关系在东北地区和中部地区呈正"N"形关系，在东部地区和西部地区呈倒"N"形关系，与全国层面保持一致。稳健性检验结果也表明以上结论是正确合理的。

7 农业产业集聚对农业面源污染的影响

7.1 引言

党的十八大以来，我国污染减排与治理的力度不断加大，无论是工业污染还是城市污染都得到了较为有效的控制。然而，目前对农业面源污染的治理却远远不够，农业面源污染存在"不易监测、源头分散、面广点多、不易量化"的特点（梁伟健 等，2018），这给乡村振兴背景下农业农村污染治理带来很大的困难。根据第一次全国污染源普查得到的数据，我国农业化学需氧量、总磷排放量、总氮排放量占总排放量的比重分别高达43.7%、67.4%和57.2%。同时，相比于发达国家，我国农业生产技术相对落后，不科学的农业增产方式导致农业系统异常脆弱，提高了农业污染破坏的可能性。化肥、农药、塑料薄膜等的大量使用，农村生活垃圾、村民和畜禽粪便、作物秸秆等废物的不当处理，粗放式的农业生产方式，这些都对农业生态资源环境造成严重的破坏。习近平总书记多次明确提出"绿水青山就是金山银山"的发展理念，强调生态环境的重要意义，要求农业发展在避免生态环境欠新账的同时，逐步还清旧账，切实做好农业面源污染治理工作。党的十九大报告也明确指出，"做好农业农村生态环境保护工作，打好农业面源污染防治攻坚战，全面推进农业绿色发展"，"要提供更多优质生态产品以满足人民日益增长的优美生态环境需要"①。因此，明确我国农业面源污染的现状并分析其影响因素，对于快速推进农业经济实现绿色转型发展具有现实意义。

实现农业绿色发展，必然要求对农业面源污染进行有效防治。相应地，党的十九大报告也明确提出要"构建现代农业产业体系、生产体系、经营体系"，"发展多种形式适度规模经营"②。农业产业集聚是实现农业规模经营的重要渠道。农业产业集聚对生态环境有两方面的影响，一方面生产规模扩大可能导致产生的污染增多；另一方面，由于集聚的外部性和规模效应，农业产业集聚通过技术外溢、设施共享、成本降低等途径会提高农业资源利用效率，从而也可能降低农业面源污染。我国农业产业集聚对农业面源污染到底会产生怎样的影响？怎样推动农业产业合理集聚以达到有效防治农业面源污染的目的？对以上问题的研究与分析有利于加快推进我国农业的绿色转型。

现有文献主要对工业经济和工业集聚与工业污染的关系进行考察，而对农业产业集聚与农业面源污染间关系的研究则相对不足，仅有少部分学者对这一问题进行过探讨。Grossman 和 Krueger（1991）建立了 EKC 假说，提出人均收入与环境污染间存在与库兹涅茨曲线相似的倒"U"形曲线关系，伴随着人均收入的不断提高，污染排放量会呈现出先增长后降低的趋势。此后，许多学者基于 EKC 假说对经济增长与环境污染的关系等相关问题进行考察，关于农业产业发展与农业污染的研究大多也基于此假说展开（贾滨洋 等，2017）。随着农业、农村的发展，农业面源污染问题日益加剧，并引起部分学者的关注，他们多基于 EKC 理论对农民收入提高和农业产业增长与农业污染的关系等问题进行了分析。

在农业产出增长与农业污染方面，Antle 和 Heidebrink（1995）对经济增长与农业污染间关系的形成机制进行了理论分析，指出二者可能呈现

① 习近平. 决胜全面建成小康社会 夺取新时代中国特色社会主义伟大胜利［N］. 人民日报，2017-10-28（1）.
② 习近平. 决胜全面建成小康社会 夺取新时代中国特色社会主义伟大胜利［N］. 人民日报，2017-10-28（1）.

EKC 曲线关系。赵连阁等（2012）、吴其勉和林卿（2013）、贾秀飞（2015）、孙大元等（2016）、于骥等（2016）分别以浙江、福建、河北、广东、四川为对象，对农业经济发展与农业污染间是否存在 EKC 曲线关系进行考察，结果均指出它们间确实存在倒"U"形曲线关系。而李君和庄国泰（2011）的研究则表明，农业经济发展与农业污染间的关系也可能是"N"形或上升型。进一步地，部分学者指出农业产业增长与农业污染间的关系依赖于特定污染指标的选择，例如，曹大宇和李谷成（2011）、刘志欣等（2015）分别指出人均化肥使用量与人均农产出之间、农药和农膜使用量与人均农产值之间的关系并非倒"U"形 EKC 曲线关系。

对于农民收入增长与农业污染的关系，Krayl（1990）、Plassmann（2006）等考察了农民收入结构对农业污染的影响，指出如果农民非经营性收入不能持续提高，农民为避免产量损失、保证经营性收入，会使用更多农药和化肥，从而导致农业面源污染的增加。袁平（2008）、汪宁等（2010）指出，随着城镇化的不断推进和进城农民收入的提高，农村劳动力的机会成本上升，为弥补机会成本，农民倾向于使用更多农药和化肥提高农产品产量，进而导致农业面源污染加剧。杜江和罗珺（2013）的实证分析则发现，农药和化肥使用量与以人均收入表示的农业增长之间的关系表现为倒"U"形。

通过对上述文献的梳理可以看出，目前的研究主要有以下缺陷：一是现有研究主要考察了农业增长与农业污染的关系，对农业产业集聚与农业面源污染的关注不足，而农业产业集聚是提高农业生产效率和农民收入的重要途径，也是破解"三农"问题的重要抓手，探讨其与农业面源污染的关系十分必要；二是现有研究忽略了空间因素对农业面源污染的影响，而污染物具有空间扩散的属性，一个地区的污染很可能受周边地区的影响。本书将重点考察农业产业集聚与农业面源污染的关系。考虑到农业面源污染的空间相关性，本书在对二者关系的形成机制进行理论分析的基础上，建立空间计量模型，基于我国 30 个省份 1990—2016 年的面板数据，分析了农业产业集聚对农业面源污染的影响、空间溢出效应及其区域异质性，为科学合理地推动农业绿色发展提供参考。

7.2 影响机理与研究假说

通常来看，工业污染排放比较集中，也易于观察，但农业面源污染却具有明显的分散性、隐蔽性、随机性和不确定性（夏秋 等，2018）。农业面源污染主要产生于化肥和农药的使用、农村生活垃圾、畜禽粪便和农田废弃物等，其中的磷、氮等物质是农业面源污染的主要成分。农业面源污染不仅恶化了当地生态环境，还会通过渗漏、地表径流、排水等方式进入水体，扩散到其他地区；同时，农业生产所依赖的土壤、水热、地势等自然因素也存在较强的空间关联性。邻近地区的农业面源污染外溢效应明显。由此，提出本章第一个研究假说：

假说7-1：农业面源污染有着明显的空间相关性，本地的农业面源污染状况会对相邻地区产生影响。

农业产业集聚可能通过以下两种途径影响农业面源污染：一是农业产业集聚势必意味着农业产业生产规模的扩大，在我国农业生产技术水平相对较低、生产扩张严重依赖物质追加的情况下，农业产业集聚必然引起农药、化肥等化学物质投入的增加，导致污染物质增加和更加严重的农业面源污染；二是随着农业生产规模的扩张，农业产业集聚将导致农村就业人数增加，并提高农民的收入水平（伍骏骞 等，2017），人口和收入的增加会造成废水、固废、粪尿等各类农村生活垃圾急剧增多，而农村废物回收利用设施不足和居民分散的特性给这些污染物的有效处理带来严重困难，进而使农业面源污染日益严峻。由此，提出本章第二个研究假说：

假说7-2：农业产业集聚可能会导致农业面源污染加剧。

与此同时，农业产业集聚具有的规模经济效应、规模外部效应和行业外部效应等也可能降低农业面源污染。随着农业产业集聚水平的提升和生产规模的扩大，规模外部效应逐渐显现出来。规模外部效应主要来源于技术外溢和设施共享。技术外溢在推动农业产业进一步集聚的同时（宋燕平等，2009），也提高了农业资源利用效率，使资源集约利用水平提高，进而减少了物资使用过程中产生的污染。设施共享使建立农村污染处理设施成为可能，降低了农业面源污染的治理成本。农业生产规模扩大能够提高生产、流通效率和技术水平，引发规模经济效应（王学真 等，2007），不仅提高了农业产出，也降低了生产要素投入。农业产业集聚可以分为横向集聚和纵向集聚，二者都可以产生专业化分工与合作。横向集聚产生行业外部性，通过提升交易效率降低农业面源污染；纵向集聚能够提高迂回生产水平，从而提高资源的利用效率（杨礼琼 等，2011）。由此，提出本章第三个研究假说：

假说7-3：农业产业集聚与农业面源污染间的关系可能呈现出非线性特征。

从生命周期来看农业产业集聚发展存在一定的阶段性特征（周新德，2009），给农业面源污染带来的影响可能并不固定，而是在不同的阶段存在一定变化（闫逢柱 等，2011）；我国不同地区的技术水平、经济状况、资源禀赋条件等差异较大，因此，农业产业集聚对农业面源污染产生的作用也可能存在差异。由此，提出本章第四个研究假说：

假说7-4：农业产业集聚对农业面源污染的空间溢出效应以及二者间的关系存在着区域异质性。

7.3 实证方法与数据来源

7.3.1 农业面源污染的测度

农业面源污染主要源自农田化肥污染、畜禽养殖类污染、农村生活污染、农田废弃物污染，核算的主要污染物包括总氮（TN）、总磷（TP）、化学需氧量（COD）。污染物排放总量的计算公式为

$$E = \sum_i^n \mathrm{EU}_i(1 - \eta_i)\rho_i C_{it} = \sum_i^n \mathrm{PE}_i(1 - \eta_i)C_{it} \tag{7-1}$$

其中，E 为农业面源污染的排放总量；EU_i 代表单元 i 指标的统计量；η_i 代表单元 i 的利用效率；ρ_i 代表单元 i 污染物的污染产生强度系数；PE_i 代表在不考虑资源利用和管理的背景下农业农村污染物的产生量；C_{it} 为单元 i 污染物的排放系数，受省域生态环境、经济发展水平、气候以及污染处理能力等因素的影响。

本书从农田化肥污染、畜禽养殖类污染、农村生活污染、农田废弃物污染四个方面来分别阐述农业面源污染主要污染物的计算过程。

7.3.1.1 农田化肥污染

农田化肥污染主要来自氮肥、磷肥和复合肥的施用。复合肥氮磷钾含量数据按 1：1：1 三元相等进行折算，并基于赖斯芸等（2004）、陈敏鹏等（2006）的研究成果来确定不同地区农用化肥中的氮肥、磷肥流失率。此外，由于我国磷肥折纯量是指五氧化二磷（P_2O_5）的量，因此在计算时本书将磷肥使用量乘以 43.66% 以便于得到总磷（TP）的量，具体系数见表 7-1。

表 7-1　我国不同地区化肥流失率　　　　单位:%

分类	地区	流失率	
		氮肥	磷肥
1	江苏、北京	30	7
2	天津、广东、浙江、上海	30	4
3	湖北、福建、山东	20	7
4	河北、陕西、辽宁、云南、宁夏、湖南、吉林、内蒙古、贵州	20	4
5	河南、黑龙江	10	7
6	安徽、海南、新疆、山西、广西、甘肃、四川、江西、重庆、青海、西藏	10	4

相应地，计算公式如下：

氮肥污染物产生量 =（农用氮肥施用量 + 农用复合肥施用量 × 氮所占比重）× 氮肥流失率

磷肥污染物产生量＝（农用磷肥施用量+农用复合肥施用量×磷所占比重）×磷肥流失率×43.66%

7.3.1.2 畜禽养殖类污染

畜禽养殖类面源污染主要来自未及时有效处理的畜禽排放的粪尿中所含的氮、磷污染物质，且具有污染物占比稳定的特点。本书采用刘培芳等（2002）、赖斯芸等（2004）的方法来确定畜禽粪便排泄系数及畜禽粪便污染物排泄系数。考虑到禽畜粪尿会在环境中流失，因此本书参考赖斯芸等（2004）的做法，进一步确定畜禽粪尿的有效利用率为20%，80%流失到河流之中；COD、TN、TP的流失率分别为0.234、0.196、0.158，具体系数见表7-2。

表7-2 畜禽粪尿及污染物年排泄系数 单位：千克/头

畜禽	粪	尿	排泄系数		
			COD	TN	TP
牛	7 300	7 650	401.5	61.1	10.07
猪	398	656.7	47.88	4.51	1.7
羊	600	—	4.4	2.28	0.45
家禽	25.2	—	1.165	0.275	0.115

相应地，计算公式如下：

畜禽污染产生量＝畜禽总量×污染物排泄系数×（1-有效利用率）×污染物流失率

7.3.1.3 农村生活污染

农村生活废水和村民粪尿排泄物是农村生活面源污染的主要来源。其中，农村居民粪尿会经过收集而用于对农作物施肥，也会通过地表径流产生污染。在测算农村生活类污染时，本书参考现有研究成果来确定单位污染产生系数。受治污设施缺乏的影响，农村生活污水通常不经处理全部直接排入水环境中，流失率为100%。参考张大弟等（1997）、钱秀红等（2002）的成果，本书将农村居民人粪尿的流失率确定为10%。经过加总后，确定农村生活类单元COD、TN、TP的流失强度分别7.82千克/人、

0.89 千克/人、0.2 千克/人。相关系数见表7-3。

表7-3 农村生活类单元产污系数

种类	排放量		
	COD	TN	TP
生活污水	5.84	0.584	0.146
粪尿	19.8	3.06	0.524
产污系数	25.64	3.644	0.67

资料来源：钱秀红，徐建民，施加春，等. 杭嘉湖水网平原农业非点源污染的综合调查和评价［J］. 浙江大学学报（农业与生命科学版），2002（2）：31-34.

相应地，计算公式如下：

$$生活污染产生量=乡村人口总数×排污系数×流失率$$

7.3.1.4 农田废弃物污染

农田废弃物污染主要是指农作物秸秆和田间蔬菜废弃物不合理处置带来的污染。参考赖斯芸等（2004）的研究成果，本书假定蔬菜固废产量比为0.51；考虑农作物的秸秆产生率不同，在不同的秸秆利用方式下，其还田率、流失率也不同。具体的比重和系数见表7-4、表7-5、表7-6和表7-7。

表7-4 农作物秸秆粮食比系数

种类	稻谷	小麦	玉米	豆类	薯类	花生	油菜	油料
秸秆粮食比	0.97	1.03	1.37	1.71	0.61	1.52	3	2.26

表7-5 农田固废类单元固体废弃物养分含量与污染产生系数

单元	养分含量/%			产污系数/‰		
	COD	TN	TP	COD	TN	TP
稻谷	0.58	0.6	0.1	5.63	5.82	0.42
小麦	0.62	0.5	0.2	6.39	5.15	0.9
玉米	0.82	0.78	0.4	11.23	10.69	2.39
蔬菜	1	0.18	0.2	5.1	0.92	0.45
豆类	1.03	1.3	0.3	17.61	22.23	2.24

表7-5(续)

单元	养分含量/%			产污系数/‰		
	COD	TN	TP	COD	TN	TP
薯类	0.37	0.3	0.25	2.26	1.83	0.67
油料	0.91	2.01	0.31	20.57	45.43	3.06

表 7-6　我国秸秆利用结构

用途	肥料	饲料	燃料	原料	焚烧	堆放	总计
合计	0.366	0.226	0.237	O. 044	0.066	0.061	1

表 7-7　不同利用方式下秸秆养分流失率　　　　单位:%

养分	肥料	饲料	燃料	原料	焚烧	堆放
COD	0.20	0	0	0	0	0.50
N	0.15	0	0	0	0	0.50
P_2O_5	0	0	0	0	0.10	0.50

相应地,计算公式如下:

蔬菜废弃物排污量=蔬菜生产量×蔬菜固废产量比×养分含量×
产污系数

秸秆排污量=农作物生产量×秸秆粮食比×养分含量×产污系数×
利用结构×养分流失率

7.3.2　空间相关性的测度

地理学第一定律指出,空间上相近的事物其关联更加紧密。当不同地区的某一变量在空间中呈规律性分布时,可以认为该变量在这些地区存在空间相关性。本书使用全局 Moran's I 指数对农业面源污染排放的空间相关性进行测定。全局 Moran's I 的计算公式为

$$I = \frac{n \sum\limits_{i=1}^{n} \sum\limits_{j=1}^{n} W_{ij}(A_i - \bar{A})(A_j - \bar{A})}{\sum\limits_{i=1}^{n} \sum\limits_{j=1}^{n} W_{ij} \sum\limits_{i=1}^{n} (A_i - \bar{A})^2} = \frac{\sum\limits_{i=1}^{n} \sum\limits_{j \neq 1}^{n} W_{ij}(A_i - \bar{A})(A_j - \bar{A})}{S^2 \sum\limits_{i=1}^{n} \sum\limits_{j=1}^{n} W_{ij}}$$

(7-2)

式中，I 表示全局 Moran's I，用于测量特定观测变量在不同地区的总体相关程度；n 代表地区的总个数；A_i 和 A_j 分别代表地区 i 和地区 j 的观测值；W_{ij} 表示空间权重矩阵；$\bar{A} = \frac{1}{n} \sum\limits_{i=1}^{n} A_j$ 代表特定观测变量的平均值；$S^2 = \frac{1}{n} \sum\limits_{i=1}^{n} (A_i - \bar{A})$ 代表不同地区特定观测变量的方差。其中全局 Moran's I 的取值一般在 -1 到 1 之间，若指数 I 介于 0 到 1 之间，表示各地区农业面源污染排放存在正的空间相关性；若指数 I 介于 -1 到 0 之间，表示各地区农业面源污染排放存在负的空间相关性；若指数 I 为 0，则可以认定农业面源污染排放不存在空间相关性。

测算全局 Moran's I 指数的关键在于空间权重矩阵的设置与选择，考虑到测算的科学性与全面性，本书参考以往学者的研究，构建了两种矩阵：一是地理距离矩阵（W_1），权重元素为各省会城市之间的距离（单位：千米）的倒数；二是经济地理嵌套矩阵（W_2），其计算公式为：$W_2 = W_1 \cdot \mathrm{diag}(\overline{X_1}/\bar{X}, \overline{X_2}/\bar{X}, \cdots, \overline{X_n}/\bar{X})$，其中 W_1 为前文提到的地理距离矩阵，$\mathrm{diag}(\cdot)$ 为对角矩阵，其对角元素中 $\overline{X_i}$ 为样本时期内 i 省的人均 GDP 的均值，$\bar{X}$ 为样本时期内所有省份的人均 GDP 的均值。空间权重矩阵的主对角线元素均为 0。

7.3.3 空间面板计量模型

地区间的经济活动并非彼此孤立的，而是彼此关联的。要素、信息、知识和技术的跨区流动以及交通网络的建设都使得地区间各项活动存在密切的联系，进而使经济活动存在着空间相关性。考虑到被解释变量会与区内或区外的其他变量产生作用，即存在空间效应，仅仅分析被解释变量在不同地区之间的空间相关性是不够的，应当借助空间计量模型对可能存在的空间效应进行度量。常用的空间计量模型主要为空间误差模型（SEM）、空间滞后模型（SAR）和空间杜宾模型（SDM）。SEM 模型主要用于影响被解释变量的遗漏变量和不可观测的随机因素存在空间相关性的情形。SAR 模型主要用于考察周边地区被解释变量对本地被解释变量的空间影响。SDM 模型更具有一般性，该模型包含了空间滞后和空间误差的情形。三个模型具体如下：

$$\text{SEM：} Y = \beta X + \mu + \nu + \varepsilon \tag{7-3}$$

$$\text{SAR：} Y = \rho \text{WY} + \beta X + \mu + \nu + \varepsilon \tag{7-4}$$

$$\text{SDM：} Y = \rho \text{WY} + X\beta + \theta \text{WX} + \mu + \nu + \varepsilon \tag{7-5}$$

其中，ρ 代表空间自相关系数；W 代表空间权重矩阵；X 代表解释变量；WX 代表解释变量的空间滞后项；WY 代表被解释变量的空间滞后项；β 代表解释变量的回归系数；μ 和 ν 分别代表个体效应和时间效应；ε 为随机扰动项。当 $\theta = 0$ 时，SDM 模型简化为 SAR 模型；当 $\theta + \rho\beta = 0$ 时，SDM 模型简化为 SEM 模型。

7.3.4　变量说明

本书的被解释变量为农业面源污染排放量，用 AP 表示。本书根据前文描述的计算方法，分别测算了总氮（TN）、总磷（TP）、化学需氧量（COD）的排放量并进行加总，以此来衡量农业面源污染。

本书的核心解释变量为农业产业集聚（AGC）。鉴于区位熵指数可以较为真实地反映经济活动在地理空间上的分布状况，消除地区之间的规模差异等，同时考虑到数据的可获取性与代表性，本书根据第 4 章的测算结果，选用区位熵指数来测量农业产业集聚。

本书的控制变量分别为：①工业污染（SO_2）。污染物具有很强的流动性，城市污染和工业污染可能流入农业生产环境，从而使农业面源污染加重，因此，在分析过程中应当控制工业污染的影响，本书以工业二氧化硫排放量来衡量工业污染。②科技创新（RD）。科学技术水平的提高有助于提高农业生产效率，提高农业绿色生产能力，进而减少农业面源污染，因此，本书以科学研究与试验发展（R&D）经费投入和地区生产总值的比值作为科技创新强度的衡量指标，对科技创新水平进行控制。③城镇化（URB）。城镇化水平的提高意味着大量农村居民进入城市，促使农业生产效率提高，且城镇居民数量的增加及其生活水平的提高使得对农业生产环境的要求提高，最终影响了农业面源污染。本书以城镇人口占比来衡量城镇化水平。④产业结构（STRG）。第二、三产业的发展提高了农民收入水平，增加了农民就业，增加了要素投入，进而提高了农业生产规模和生产效率，最终对农业面源污染产生影响。本书以第二、三产业生产总值占地区GDP的比值衡量地区产业结构。

7.3.5　数据来源

本书对我国30个省份1990—2016年的面板数据展开研究。所有数据均来自相关年份的《中国统计年鉴》《中国区域统计年鉴》《中国农业统计年鉴》《新中国六十年统计资料》。在对模型进行估计的过程中本书对部分数据进行对数化处理，以尽量保证模型的可靠性和拟合结果的准确性。

7.4　实证结果与分析

7.4.1　农业面源污染的现状分析

根据前文确定的排放系数和计算公式，本书分别测算了我国30个省份1990—2016年农业面源污染中总氮（TN）、总磷（TP）和化学需氧量（COD）的排放量并进行加总，以此来衡量农业面源污染。具体的排放总量见表7-8。

由表7-8可知，在1990—2016年共27年的时间内，我国农业面源污染排放总量经历了先增加后减少的过程。从农业面源污染排放总量的平均值来看，在区域层面，东北地区、东部地区、中部地区、西部地区的平均值分别为 208.528 万吨、561.418 万吨、384.941 万吨、486.335 万吨，其中东部地区最高、西部地区次之、中部地区第三、东北地区最低，这也与各个区域现有的经济发展水平和产业结构相符。在省级层面，江西、江苏、重庆、山东、河北等农业面源污染排放总量的均值均超过 100 万吨，而河南、内蒙古、辽宁、吉林、贵州、广东、山西等省份的排放总量平均值均超过了 50 万吨；青海、安徽、云南、新疆、北京等省份的排放总量平均值则都低于 10 万吨；其他省份则介于 10 万~50 万吨。

从农业面源污染排放总量的变动趋势来看，我国所有省份的农业面源污染排放总量都出现了不同程度的变动。在区域层面，东北地区、东部地区、中部地区、西部地区的平均增长幅度分别为 14.412 万吨、-0.849 万吨、76.897 万吨、139.032 万吨，其中只有东部地区实现了污染排放总量的下降，其他地区污染排放总量依然在不断增长，西部地区最高、中部地区次之、东北地区最低，这表明我国农业面源污染排放问题依然严峻，而区域之间的差距也在不断扩大。在省级层面，只有陕西、安徽、海南、黑龙江、山东、河南、河北等省份的农业绿色面源污染排放总量出现了下降，其中河北污染排放总量下降幅度最大，为 71.75 万吨；其余省份的农业面源污染排放总量均出现不同程度的上升，其中江西、山西、贵州 3 个省的增长幅度最大，分别为 61.23 万吨、35.334 万吨、30.398 万吨。

就其变动幅度来看，与 1990 年相比，2016 年只有数个省份出现了下降，绝大部分都表现为增长。但结合 27 年的整体情况来看，除了山西、浙江、甘肃、天津、内蒙古、新疆 6 个省份的农业面源污染排放总量在一直持续增长外，其余各省份均出现了不同程度的下降，尤其是在党的十八大之后，下降更加明显。造成这一现象的主要原因是，自党的十八大以来，党和政府高度重视生态环境问题，将生态文明建设列入"五位一体"总体布局和"四个全面"战略布局之中，生态环境保护制度日趋完善和严格，大幅度提升了各地区加强环境保护、实现经济绿色转型发展的主动性，前期只求社会经济发展、忽视生态保护治理的状况得到了根本性扭转。

表 7-8　1990—2016 年主要年份我国各地区农业面源污染排放总量

单位：万吨

区域	地区	1990 年	1994 年	1998 年	2002 年	2006 年	2010 年	2014 年	2016 年	均值	排名
东北地区	辽宁	72.012	77.487	82.373	83.402	83.899	85.397	88.030	87.111	81.892	7
	吉林	76.094	78.173	84.343	78.019	81.628	85.511	87.659	84.934	81.379	8
	黑龙江	47.550	43.341	45.876	46.228	45.933	44.243	40.958	38.023	44.726	17
	总值	195.656	199.001	212.592	207.649	211.460	215.151	216.647	210.068	208.528	—
东部地区	江苏	120.735	136.013	141.259	152.610	147.726	141.452	141.687	138.577	140.549	2
	山东	120.241	117.460	107.536	108.827	112.151	110.144	110.448	109.444	111.306	4
	河北	150.246	167.286	90.738	93.521	88.560	82.322	81.259	78.496	100.270	5
	广东	38.782	43.816	45.007	56.019	57.255	64.030	53.778	51.934	51.777	11
	福建	35.043	33.018	35.036	34.210	42.309	42.394	43.427	41.707	37.715	19
	上海	29.590	22.065	25.160	42.406	43.627	40.473	42.985	43.319	35.701	21
	天津	24.808	26.801	28.986	30.485	31.877	33.169	35.257	35.362	30.465	23
	浙江	19.234	20.359	21.999	28.152	33.355	37.708	43.568	45.942	29.907	24
	海南	13.216	13.921	14.862	13.844	5.279	5.072	4.845	4.717	10.403	25
	北京	6.661	7.423	8.447	8.281	7.919	6.989	8.468	8.209	7.735	29
	总值	558.556	588.162	519.030	568.355	570.058	563.753	565.722	557.707	561.418	—
中部地区	江西	109.299	122.974	141.466	158.623	169.950	167.802	170.584	170.529	150.045	1
	河南	97.188	96.871	100.594	102.296	84.279	79.043	79.819	77.463	90.723	6
	山西	31.226	34.335	38.778	52.869	58.040	61.010	66.301	66.560	50.300	12
	湖南	44.090	49.259	50.384	47.301	48.033	49.353	50.278	49.367	48.600	15
	湖北	30.313	32.184	33.720	40.522	40.322	38.647	33.113	32.521	35.768	20
	安徽	12.928	11.860	10.021	9.867	8.310	7.582	6.151	5.501	9.266	27
	总值	325.044	347.483	374.963	411.478	408.934	403.437	406.246	401.941	384.941	—

表7-8(续)

区域	地区	1990年	1994年	1998年	2002年	2006年	2010年	2014年	2016年	均值	排名
西部地区	重庆	97.432	105.884	117.902	125.836	135.031	123.747	126.583	123.709	119.081	3
	内蒙古	65.991	66.322	66.748	68.489	68.783	71.271	72.859	73.673	69.066	9
	贵州	36.936	47.891	49.769	53.861	58.318	62.367	67.632	67.334	54.366	10
	甘肃	33.341	35.936	42.310	44.284	56.675	65.455	51.678	54.062	49.134	13
	宁夏	36.395	37.249	36.342	37.019	61.232	59.328	61.630	61.897	48.979	14
	广西	32.428	34.015	47.115	48.011	53.021	46.807	50.842	50.806	44.998	16
	四川	40.180	40.414	40.426	39.583	41.079	42.427	44.332	43.810	41.413	18
	陕西	34.734	33.082	32.084	30.874	31.150	32.076	33.534	33.517	32.353	22
	青海	7.164	7.948	8.717	9.707	9.879	10.346	11.045	10.800	9.380	26
	云南	8.824	8.957	7.725	7.559	8.242	9.541	9.857	10.008	8.513	28
	新疆	5.543	6.302	7.088	7.433	7.781	8.047	8.236	8.384	7.478	30
	总值	398.968	424.000	456.226	472.656	531.191	531.412	538.228	538.000	486.335	—

7.4.2 空间相关性分析

本书对1990—2016年我国30个省份的农业面源污染排放量的空间相关性进行测量，运用上文中构建的两个空间权重矩阵对农业面源污染排放的全局Moran's I指数进行测算，通过相应P值判断显著性情况，结果见表7-9。结果显示，在样本考察期内，我国农业面源污染的Moran's I指数系数都为正，且在绝大部分年份中都在10%的显著性水平上显著。同时，Moran's I指数的绝对值逐年递减，说明我国农业面源污染排放具有很强的正向空间自相关性，进而说明本书假说7-1是成立的。

表7-9 1990—2016年中国农业面源污染 Moran's I 指数

年份	W_1		W_2	
	Moran's I	P	Moran's I	P
1990	0.037**	0.033	0.041*	0.045
1991	0.038**	0.031	0.042*	0.042
1992	0.039**	0.029	0.042*	0.043
1993	0.044**	0.022	0.046*	0.034
1994	0.046**	0.019	0.049*	0.029

表7-9(续)

年份	W_1		W_2	
	Moran's I	P	Moran's I	P
1995	0.034**	0.040	0.030*	0.075
1996	0.043**	0.023	0.040*	0.046
1997	0.047**	0.018	0.043*	0.040
1998	0.045**	0.020	0.042*	0.042
1999	0.042**	0.024	0.038*	0.051
2000	0.049**	0.016	0.045*	0.037
2001	0.051**	0.014	0.047*	0.033
2002	0.046**	0.019	0.043*	0.040
2003	0.040**	0.028	0.038*	0.050
2004	0.038**	0.029	0.037*	0.052
2005	0.026*	0.059	0.028*	0.078
2006	0.025*	0.061	0.027*	0.081
2007	0.023*	0.067	0.024*	0.090
2008	0.020*	0.077	0.021	0.105
2009	0.023*	0.068	0.023*	0.098
2010	0.021*	0.073	0.02	0.108
2011	0.026*	0.057	0.026*	0.085
2012	0.027*	0.056	0.026*	0.084
2013	0.025*	0.060	0.025*	0.089
2014	0.038**	0.029	0.038*	0.050
2015	0.037**	0.030	0.037*	0.052
2016	0.036**	0.034	0.035*	0.056

注:***、**、*分别表示在1%、5%、10%的水平上显著。

　　全局 Moran's I 考察的是全部样本地区的空间相关性,本书进一步用局域 Moran's I 指数对单个地区农业面源污染的空间相关性进行考察,并依据空间相关特征将各省份划分为四类,空间权重矩阵采用上文中的地理距离矩阵,结果见图7-1和表7-10。表7-10将1990年、1998年、2007年和

2016 年四个代表性年份中各省份的局部空间相关性划分成高—高、低—高、低—低、高—低四个类型。由表 7-10 可知，虽然这 27 年来我国各省份的农业面源污染排放量在各年存在着一定变化，但在 1990 年、1998 年、2007 年和 2016 年这四年代表性年份中，一半以上省份都属于高—高型或低—低型集聚，且各省份集聚特征的变化较小，例如湖北、安徽、山东就长期属于高—高型集聚，而山西、海南、贵州、重庆、江西就一直属于低—高型集聚，甘肃、福建、宁夏、广西、新疆则长期属于低—低型集聚，四川、湖南、广东则属于高—低型集聚。这说明我国农业面源污染存在较强的空间相关性，且各区域的相关性特征也比较稳定；而一半以上省份属于高—高型或低—低型集聚，则进一步说明农业面源污染排放的同质性溢出效应（农业面源污染排放总量较高的省份会加剧邻近省份的污染排放总量，农业面源污染排放总量较低的省份会减缓邻近省份的污染排放总量）要略强于异质性溢出效应（农业面源污染排放总量较高的省份会减缓邻近省份的污染排放，农业面源污染排放总量较低的省份会加剧邻近省份的污染排放）。

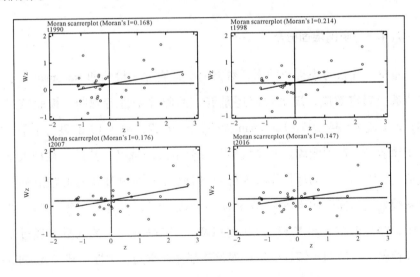

图 7-1　1990 年、1998 年、2007 年、2016 年

我国各地区农业面源污染的 Moran's I 散点图

表 7-10 1990、1998、2007、2016 年中国农业面源污染 Moran's I 指数省份分布

年份	高—高	低—高	低—低	高—低
1990 年	山东、安徽、河南、湖北、江苏	上海、海南、山西、重庆、浙江、江西、云南、贵州	青海、天津、福建、陕西、辽宁、广西、北京、内蒙古、甘肃、吉林、黑龙江、宁夏、新疆	河北、湖南、广东、四川
1998 年	山东、安徽、河南、湖北、江苏、河北	上海、海南、山西、重庆、辽宁、江西、贵州、天津、北京、陕西	云南、浙江、广西、福建、内蒙古、黑龙江、甘肃、宁夏、新疆	河北、湖南、广东、四川
2007 年	山东、安徽、河南、湖北、江苏、河北、辽宁、云南	上海、海南、山西、重庆、江西、贵州、天津、北京、陕西	吉林、黑龙江、福建、浙江、甘肃、宁夏、新疆、青海	广西、湖南、广东、四川、内蒙古
2016 年	山东、安徽、湖北、江苏、河北、广西、云南	海南、山西、重庆、江西、贵州、天津、北京、陕西、辽宁	上海、吉林、内蒙古、福建、浙江、甘肃、宁夏、新疆、青海	湖南、黑龙江、广东、四川、内蒙古

7.4.3 全国层面分析

本书首先仅考虑普通的面板数据模型，通过 F 检验和 Hausman 检验对应当选择固定效应、随机效应还是混合回归模型进行判断。检验结果表明，F 检验 $F=342.95$，Hausman 检验 $x^2=59.27$，都在 1% 的显著水平上拒绝了原假设，这说明固定效应模型是一种更好的选择。然后，在加入空间效应后，本书对空间计量模型进行 OLS 回归，根据 LM 检验对建立的空间计量模型应选择 SAR 模型还是 SEM 模型进行判断，结果见表 7-11。结果显示，SAR 模型和 SEM 模型对应的 LM 统计量都在 1% 的水平上通过了显著性检验，这说明被解释变量和误差项都存在空间相关性。基于 Anselin 等（2004）提出的判断规则，本书认为相对于 SEM 模型，SAR 模型更好。因此，本书主要以 SAR 模型的估计结果为准，同时将 SEM 模型的估计结果列出，作为比较和稳健性检验的依据。

除了决定空间计量模型的形式，还需要进一步判断空间计量模型的固定效应是时间固定效应、个体固定效应还是双向固定效应，本书以 LR 检验对此进行判定，结果见表 7-12。结果显示，时间固定效应和个体固定效应都在 1% 的显著性水平上通过了 LR 检验，表明应当选择双固定效应模型进行拟合。

表 7-11　LM 检验结果

LM 检验	W_1		W_2	
	统计值	P 值	统计值	P 值
Spatial error				
Lagrange multiplier	26.621	0.000	18.838	0.000
Robust Lagrange multiplier	7.071	0.000	4.943	0.026
Spatial lag				
Lagrange multiplier	159.261	0.000	92.320	0.000
Robust Lagrange multiplier	139.712	0.000	78.425	0.000

表 7-12　LR 检验结果

LR 检验	W_1		W_2	
	统计值	P 值	统计值	P 值
Spatial error				
个体固定效应与双固定效应	53.67	0.000	69.30	0.000
时间固定效应与双固定效应	2 140.05	0.000	2 142.17	0.000
Spatial lag				
个体固定效应与双固定效应	99.73	0.000	98.41	0.000
时间固定效应与双固定效应	2 126.65	0.000	2 137.53	0.000

基于上文的检验结果，本书通过空间计量模型估计全国层面的农业产业集聚对农业面源污染排放的影响及其空间溢出效应，结果见表 7-13。由回归结果可知，空间计量模型中的空间自回归系数和空间误差系数的符号都为正，而且都在 1% 的水平上通过显著性检验，因此说明我国农业面源

污染存在明显的空间相关性特征，也证明本书采用空间计量模型分析问题的做法是正确的。

表 7-13　全国层面空间计量模型回归结果

变量	SAR		SEM	
	W_1	W_2	W_1	W_2
AGC	1. 114 *** (0. 217)	1. 132 *** (0. 209)	1. 157 *** (0. 199)	1. 112 *** (0. 203)
AGC^2	−0. 436 *** (0. 146)	−0. 453 *** (0. 140)	−0. 414 *** (0. 136)	−0. 388 *** (0. 139)
AGC^3	0. 073 0 ** (0. 030 8)	0. 076 2 *** (0. 029 5)	0. 070 1 ** (0. 028 7)	0. 066 1 ** (0. 029 2)
SO_2	0. 156 *** (0. 015 1)	0. 155 *** (0. 015 1)	0. 160 *** (0. 016 6)	0. 164 *** (0. 016 6)
RD	0. 505 (1. 234)	0. 379 (1. 219)	−2. 581 ** (1. 275)	−2. 791 ** (1. 301)
URB	−0. 577 *** (0. 069 7)	−0. 592 *** (0. 070 7)	−0. 617 *** (0. 069 9)	−0. 589 *** (0. 069 8)
STRG	2. 046 *** (0. 148)	1. 974 *** (0. 136)	2. 534 *** (0. 205)	2. 594 *** (0. 206)
rho	−0. 114 (0. 106)	−0. 106 (0. 078 6)	0. 580 *** (0. 065 2)	0. 505 *** (0. 069 7)
sigma2_ e	0. 018 4 *** (0. 000 930)	0. 018 4 *** (0. 000 930)	0. 016 9 *** (0. 000 866)	0. 017 4 *** (0. 000 886)
R^2	0. 669 5	0. 662 1	0. 621 8	0. 636 1
LogL	451. 851 7	452. 187 5	474. 108 7	467. 025 6

注：***、**、* 分别表示在1%、5%、10%的水平上显著。

关键解释变量中，在 W_1、W_2 矩阵下的 SAR 和 SEM 模型中，农业产业集聚及其平方项、立方项的系数分别为负、正、负，且均至少在5%的水平上通过显著性检验。这说明当农业的产业集聚水平不断提高时，农业面源污染会呈现先下降、后增加、再下降的特征，两者间的关系可以用倒"N"形曲线描述。因此，本书假说 7-2 和假说 7-3 得到验证。

在其他控制变量方面，工业污染和产业结构系数都为正且均在两种权重矩阵下的 SAR 和 SEM 模型回归结果中通过了 1%水平上的显著性检验，表明二者会明显地加剧农业面源污染。主要原因是污染物具有跨区域可流动性，工业化和城市化的快速推进导致其生产的污染物转移到农村地区，进而恶化了农产品生产的环境；同时，第二、三产业虽然在快速发展，却没能同农业良好融合，不能为农业绿色发展提供充足、有效的技术、资本等支撑，导致农业面源污染无法得到有效遏制。科技创新在 SAR 模型中未通过显著性检验，在 SEM 模型中系数为负且在 5%的水平上通过显著性检验，说明科学技术创新水平的提升能够为农业生产提供清洁、绿色的生产技术，进而提高污染防治水平和生产效率，降低农业面源污染。在全部模型中，城镇化水平的系数符号都为负并且都在 1%的水平上通过了显著性检验，表明城镇化对农业面源污染具有显著的降低作用。一方面，城镇化吸纳了农村剩余劳动力，推动了农业生产效率的提高，而劳动力流动则进一步带动了文明、科技和资本流入乡村，使得农民素质和环保观念得以提升；另一方面，随着城镇化水平提高，城镇居民规模不断扩大，对高质、绿色、健康的农产品需求也得以增加，进而从需求端促使农产品生产者使用绿色、清洁的生产技术，最终有利于改善生产环境、降低农业面源污染。

7.4.4 区域层面分析

我国各区域间的差异性明显，农业产业集聚对农业面源污染的影响和空间相关性可能在不同地区呈现不同特征。因此，本书进一步从区域层面对所研究的问题进行分析。现有研究多将中国划分为东北地区、东部地区、中部地区和西部地区，本书依然沿用这种划分方法，同时构建双向固定效应下的 SAR 模型和 SEM 模型对区域层面进行分析，模型回归结果见表 7-14 和表 7-15。

由模型结果可知，在 SAR 模型的回归结果中，东北地区的空间自回归系数在 W_1 下未通过显著性检验，在 W_2 下在 1%的水平上通过显著性检验，东部地区、中部地区和西部地区则在两种矩阵下均在 1%的水平上通过了显著性检验。在 SEM 模型中，全部区域的空间误差系数都通过了 1% 水平上的显著性检验，表明各个区域的农业面源污染都存在明显的空间相关性。而且，空间相关系数和空间自回归系数的绝对值均按东北地区、东部地区、西部地区、中部地区的顺序依次递减，表明各区域的农业面源污染存在显著的区域差异性。这主要是因为各区域在农业发展水平、农业科技水平、农业资源禀赋条件和主要农业业态等方面存在比较大的差异。通过对比两种模型结果可知，重要解释变量系数在符号、绝对值、显著性上差异较小，因此，在具体分析中本书主要依照 SAR 模型的结果进行探讨。

表 7-14　区域层面 SAR 模型回归结果

变量	东北地区		东部地区		中部地区		西部地区	
	W_1	W_2	W_1	W_2	W_1	W_2	W_1	W_2
AGC	-0.852* (0.450)	-0.759 (0.564)	0.648* (0.346)	-0.623* (0.358)	-3.231*** (0.706)	-3.246*** (0.711)	-1.505 (1.435)	-1.525 (1.441)
AGC^2	0.645** (0.304)	0.624 (0.380)	-0.177 (0.265)	0.722** (0.282)	2.948*** (0.759)	2.965*** (0.765)	1.832* (1.076)	1.844* (1.080)
AGC^3	-0.154** (0.073 0)	-0.152* (0.091 3)	0.021 2 (0.058 0)	-0.153* (0.059 4)	-0.772*** (0.242)	-0.776*** (0.244)	-0.474* (0.258)	-0.477* (0.259)
SO$_2$	-0.003 87 (0.034 5)	-0.011 9 (0.043 0)	0.275*** (0.030 7)	0.321*** (0.035 9)	0.095 9*** (0.031 3)	0.094 2*** (0.031 5)	0.116*** (0.018 3)	0.118*** (0.018 4)
RD	-2.400 (2.772)	-3.181 (3.459)	0.698 (1.671)	0.725 (1.725)	-30.75*** (3.875)	-31.76*** (3.863)	5.791* (3.206)	5.748* (3.218)
URB	0.075 3 (0.124)	0.093 4 (0.155)	-0.797*** (0.106)	-0.650*** (0.093 9)	-1.006** (0.406)	-0.999** (0.410)	-0.679*** (0.104)	-0.670*** (0.104)
STRG	-0.547 (0.455)	-0.436 (0.570)	1.202*** (0.378)	2.322*** (0.631)	0.932** (0.406)	0.980** (0.408)	5.459*** (0.496)	5.433*** (0.499)
rho	-1.174 5 (0.000 0)	-0.953*** (0.096 7)	-0.391*** (0.109)	-0.615*** (0.147)	-0.543*** (0.112)	-0.518*** (0.116)	-0.552*** (0.139)	-0.545*** (0.137)
sigma2_ e	0.000 5 (0.000 0)	0.000 8*** (0.000 2)	0.023 1*** (0.002 0)	0.014 3*** (0.001 0)	0.002 7*** (0.000 3)	0.002 7*** (0.000 3)	0.008 4*** (0.000 7)	0.008 5*** (0.000 7)
R2	0.090 4	0.112 1	0.936 5	0.587 2	0.113 9	0.105 7	0.713 8	0.712 4
LogL	163.406 7	156.008 2	118.579 6	134.495 9	243.673 2	243.087 0	283.599 5	283.029 7

注：***、**、*分别表示在 1%、5%、10% 的水平上显著。

表 7-15　区域层面 SEM 模型回归结果

变量	东北地区		东部地区		中部地区		西部地区	
	W_1	W_2	W_1	W_2	W_1	W_2	W_1	W_2
AGC	-2.067** (0.923)	-1.358 (0.937)	0.803** (0.387)	-0.400 (0.432)	-3.792*** (0.770)	-3.813*** (0.779)	-1.066 (1.498)	-1.515 (1.506)
AGC^2	1.654*** (0.637)	1.192* (0.639)	-0.816** (0.334)	0.693** (0.334)	3.584*** (0.837)	3.614*** (0.848)	1.583 (1.128)	1.911* (1.132)
AGC^3	-0.416*** (0.158)	-0.305** (0.155)	0.118* (0.068 4)	-0.158** (0.069 6)	-0.974*** (0.268)	-0.983*** (0.272)	-0.424 (0.272)	-0.503* (0.272)
SO₂	0.053 4 (0.088 6)	0.011 0 (0.079 7)	0.287*** (0.037 0)	0.397*** (0.042 5)	0.098 1*** (0.035 5)	0.096 9*** (0.035 7)	0.132*** (0.018 5)	0.134*** (0.018 5)
RD	-2.361 (6.070)	-3.742 (5.754)	-4.491** (2.203)	0.910 (2.032)	-31.44*** (4.477)	-32.00*** (4.472)	7.992*** (3.001)	7.428** (3.062)
URB	-0.001 22 (0.333)	0.082 7 (0.300)	-0.692*** (0.076 8)	-0.764*** (0.102)	-0.987** (0.444)	-1.020** (0.452)	-0.722*** (0.109)	-0.699*** (0.108)
STRG	-0.832 (0.914)	-0.336 (0.933)	-4.474*** (0.775)	2.620*** (0.651)	0.940** (0.448)	0.992** (0.448)	5.789*** (0.502)	5.698*** (0.502)
rho	-1.231*** (0.080 7)	-0.973*** (0.089 3)	-2.107*** (0.058 4)	-0.707*** (0.145)	-0.569*** (0.139)	-0.560*** (0.146)	-1.093*** (0.157)	-0.958*** (0.148)
sigma2_e	0.000 5*** (9.85e-05)	0.000 8*** (0.000 1)	0.008 7*** (0.000 86)	0.016 3*** (0.001 4)	0.002 7*** (0.000 3)	0.002 8*** (0.000 3)	0.007 0*** (0.000 6)	0.007 3*** (0.000 6)
R2	0.528 9	0.391 6	0.926 0	0.797 6	0.201 1	0.220 53	0.691 9	0.713 2
LogL	163.155 8	154.935 9	183.556 5	165.373 3	242.642 7	241.905 8	297.234 4	294.597 2

注：***、**、*分别表示在 1%、5%、10%的水平上显著。

在关键解释变量方面，就东北地区来看，SAR 回归结果中农业产业集聚及其平方项、立方项的系数分别为负、正、负，在 W_1 矩阵下分别在 10%、5%、1%的水平上通过显著性检验，在 W_2 矩阵下只有农业产业集聚的立方项在 1%的水平上通过显著性检验；在 SEM 回归结果中，农业产业集聚及其平方项、立方项的系数分别为负、正、负，除了在 W_2 矩阵下农业产业集聚没有通过显著性检验外，其余变量均至少在 10%的水平上通过显著性检验。就东部地区来看，在 W_1 矩阵下，农业产业集聚及其平方项、立方项的系数分别为正、负、正，在 SAR 回归结果中只有农业产业集聚在 10%的水平上通过显著性检验，SEM 回归结果中则分别在 5%、5%、10%的水平上通过显著性检验；在 W_2 矩阵下，农业产业集聚及其平方项、立方项的系数分别为负、正、负，在 SAR 回归结果中分别在 10%、5%、5%的水平上通过显著性检验，在 SEM 回归结果中农业产业集聚未通过显著性检验，其平方项和立方项则均在 5% 的水平上通过显著性检验。就中部地区来看，SAR 回归结果和 SEM 回归结果中农业产业集聚及其平方项、立方项的系数分别为负、正、负，且均在 1% 的水平上通过显著性检验。就西部地区来看，在所有模型和所有矩阵下，农业产业集聚及其平方项、立方项的系数均分别为负、正、负，在 SAR 回归结果中，两种矩阵下农业产业集聚均未通过显著性检验，其平方项和立方项均在 10% 的水平上通过显著性检验，在 SEM 回归结果中，W_1 矩阵下三个变量均未通过显著性检验，在 W_2 矩阵下农业产业集聚未通过显著性检验，其平方项和立方项均在 10% 的水平上通过显著性检验。以上分析表明，在我国四大区域中，后农业面源污染排放总量随着农业产业集聚度的提高而呈现出先降低、后增长、再降低的趋势，二者之间明显地存在倒"N"形关系。这个现象在四个区域普遍存在，但是由于系数的不同，各个地区倒"N"形曲线具体的拐点存在着较大差异。此外，通过对 W_1 矩阵和 W_2 矩阵下回归系数的对比可以得知，W_2 矩阵下的变量的系数和显著性均优于 W_1 矩阵下的结果，表明经济地理嵌套矩阵会加强这种作用的绝对值和显著性。以上分析进一步验证了假说 7-4。

在控制变量方面，工业污染在东北地区的系数为负但未通过显著性检验，在东部地区、中部地区、西部地区的系数为正且均在 1% 的水平上通过显著性检验，表明工业污染将加剧这三个地区的农业面源污染，对东北地区的影响则不明显。科技创新在东北地区和东部地区未通过显著性检验，在中部地区的系数为负且通过显著性检验，表明科技进步的确可以促进农业面源污染防治，这也与预期相符，但在西部地区的系数为正且通过显著性检验，可能的原因是西部地区科技创新中针对农业的部分较少，且科技创新从成果转化到投入产出需要较长周期，因此短期内无法发挥其提效减排效应。城镇化率在东北地区的系数为正但没有通过显著性检验，在东部地区、中部地区、西部地区的系数为负且通过显著性检验，表明在这些地区，随着城镇化的进一步推进，农业面源污染将出现下降的情况。产业结构的系数在东北地区为负但不显著，在东部地区、中部地区、西部地区系数均为正且在 1% 的水平上通过显著性检验，表明第二、三产业的快速发展会在一定程度上加剧这些地区的农业面源污染。

7.5.5 稳健性检验

为了避免计量结果存在偏误，本书进一步采用变动被解释变量和变动空间权重矩阵的方法对前文得出的结论进行稳健性检验。首先，本书分别选用农业生产中产生的二氧化碳排放量（CO_2）作为农业污染排放量的代理变量，采用原有的地理距离矩阵和经济地理嵌套矩阵进行回归。其次，本书参考肖黎明等（2018）的做法，构建以下矩阵：W_3 矩阵，即地理邻接矩阵，其权重元素为地区 i 与地区 j 之间在地理分布上是否相邻，相邻则为 1，否则为 0；W_4 矩阵，即经济距离矩阵，其权重元素为各省份样本期内人均 GDP 年均值之差的绝对值的倒数；W_5 矩阵，即经济地理矩阵，其权重元素为相应省会城市间直线距离的倒数与两省人均 GDP 之和占所有省份人均 GDP 份额的乘积。参考以上两种方法的全国层面空间计量模型回归结果见表 7-16 和表 7-17[①]。

经过对比可以发现，参考这两种方法对全国层面的数据进行回归的结果与前文得出的结果基本相符：空间自回归系数与空间误差系数均至少在10% 的水平上显著，验证了农业面源污染空间外溢性的存在；核心解释变量系数的符号和显著性均与前文的分析结论无明显差异；控制变量的估计系数和显著性变化不大。以上分析表明本书的研究结果是稳健的。

表 7-16　变更被解释变量的空间计量模型回归结果

变量	W_1		W_2	
	SAR	SEM	SAR	SEM
AGC	1.125 *** (0.239)	1.189 *** (0.241)	1.048 *** (0.238)	1.210 *** (0.241)

---

① 受篇幅限制，本书暂未列出区域层面的稳健性检验结果。

表7-16(续)

变量	W_1		W_2	
	SAR	SEM	SAR	SEM
AGC^2	−0.617 *** (0.170)	−0.662 *** (0.170)	−0.559 *** (0.168)	−0.654 *** (0.170)
AGC^3	0.095 7 *** (0.035 8)	0.102 *** (0.035 6)	0.082 5 ** (0.035 4)	0.098 0 *** (0.035 6)
SO_2	0.093 4 *** (0.018 5)	0.095 5 *** (0.018 0)	0.093 7 *** (0.018 1)	0.097 1 *** (0.017 8)
RD	−0.118 (1.408)	−0.412 (1.363)	0.091 7 (1.392)	0.248 (1.340)
URB	−0.049 3 (0.079 4)	−0.060 7 (0.079 3)	−0.058 1 (0.078 0)	−0.082 2 (0.077 8)
STRG	−0.249 (0.301)	−0.318 (0.299)	−0.228 (0.295)	−0.239 (0.290)
rho	−0.742 *** (0.157)	−0.785 *** (0.160)	−0.545 *** (0.135)	−0.710 *** (0.119)
sigma2_ e	0.020 2 *** (0.001 02)	0.020 0 *** (0.001 01)	0.019 4 *** (0.000 929)	0.019 9 *** (0.000 996)
R2	0.742 3	0.746 1	0.748 8	0.751 6
LogL	421.880 8	423.915 7	421.892 2	429.246 5

注: *** 、 ** 、 * 分别表示在1%、5%、10%的水平上显著。

表 7-17 变更矩阵的空间计量模型回归结果

变量	W_3		W_4		W_5	
	SAR	SEM	SAR	SEM	SAR	SEM
AGC	0.955 *** (0.218)	1.076 *** (0.203)	1.169 *** (0.207)	1.042 *** (0.216)	1.114 *** (0.217)	1.157 *** (0.199)
AGC^2	−0.356 ** (0.143)	−0.385 *** (0.141)	−0.482 *** (0.137)	−0.394 *** (0.144)	−0.436 *** (0.146)	−0.414 *** (0.136)
AGC^3	0.059 4 ** (0.029 9)	0.063 0 ** (0.029 8)	0.083 3 *** (0.029 0)	0.067 6 ** (0.029 9)	0.073 0 ** (0.030 8)	0.070 1 ** (0.028 7)
SO_2	0.146 *** (0.015 2)	0.191 *** (0.016 8)	0.153 *** (0.015 1)	0.157 *** (0.015 5)	0.156 *** (0.015 1)	0.160 *** (0.016 6)
RD	0.305 (1.211)	−1.370 (1.240)	0.304 (1.219)	−0.391 (1.259)	0.505 (1.234)	−2.581 ** (1.275)

表7-17（续）

变量	W_3		W_4		W_5	
	SAR	SEM	SAR	SEM	SAR	SEM
URB	-0.593 *** (0.069 5)	-0.619 *** (0.069 3)	-0.578 *** (0.069 8)	-0.613 *** (0.071 5)	-0.577 *** (0.069 7)	-0.617 *** (0.069 9)
STRG	1.879 *** (0.139)	2.404 *** (0.187)	1.940 *** (0.146)	2.086 *** (0.149)	2.046 *** (0.148)	2.534 *** (0.205)
rho	-0.204 *** (0.066 4)	0.455 *** (0.079 9)	0.040 7 (0.052 4)	0.018 1 *** (0.000 921)	-0.114 (0.106)	0.580 *** (0.065 2)
sigma2_ e	0.018 2 *** (0.000 9)	0.017 7 *** (0.000 9)	0.018 4 *** (0.000 9)	0.153 *** (0.055 1)	0.018 4 *** (0.000 9)	0.016 9 *** (0.000 9)
R2	0.631 8	0.686 7	0.659 3	0.660 8	0.669 5	0.621 8
LogL	455.976 1	461.213 0	451.568 4	454.943 9	451.851 7	474.108 7

注：*** 、** 、* 分别表示在1%、5%、10%的水平上显著。

7.5　本章小结

本书利用1990—2016年我国30个省份的面板数据，对农业产业集聚影响农业面源污染的作用机制进行理论分析并提出研究假设，在此基础上运用空间自回归模型（SAR）和空间误差模型（SEM）对其进行实证检验。得出的结论主要包括：①我国农业面源污染的 Moran's I 指数显著为正，表明农业面源污染存在空间相关性，并且由于地区之间农业经济联系的不断加强，该空间相关性呈现出先削弱后加强的趋势。②全国层面，农业面源污染随着农业产业集聚度的提高呈现出先增长、后降低、再增长的趋势，二者之间的关系呈正"N"形。③区域层面，因农业资源禀赋、农业整体发展水平、农业技术水平等要素的差异，农业产业集聚对农业面源污染的影响存在明显的区域异质性；在四个区域，农业面源污染随着农业产业集聚度的提升均呈现出先降低、后增长、再降低的趋势，二者之间的关系表现为倒"N"形。在此基础上，本书进一步采用变动被解释变量和变动空间权重矩阵的方法进行稳健性检验，结果表明前文得出的结论是合理有效的。

8 主要结论、政策建议与研究展望

8.1 主要结论

本书的研究结论主要如下：

第一，我国农业产业集聚表现出显著的时空分异特征。在农业产业集聚的空间差异方面，海南、广西、贵州、新疆、四川5个省份长期处于高度集聚状态。云南、湖南、江西、安徽、河南、吉林、甘肃、湖北、内蒙古、黑龙江、河北、重庆、福建、青海、陕西15个省份长期处于中度集聚状态，其余省份长期处于低度集聚状态。我国农业产业集聚程度呈现出较严重的区域间不平衡态势，农业产业高度集中在我国中部、西部地区。我国农业产业空间集聚差异程度在进一步扩大，海南、广西、贵州、新疆、四川在较高集聚程度上还有显著增长，表明这些地区的农业产业集聚还有增长潜力，其农业经济发展的潜力巨大。黑龙江、云南、甘肃、湖北、吉林、陕西、青海、河北、陕西、青海、河北、辽宁、山西的农业产业集聚规模有所增长，其余地区农业产业集聚都存在不同程度的下降趋势。

第二，1990—2016年，我国所有区域农业产出强度和人均农业产出均出现较大幅度的增长。在农业产业强度方面，东北地区、东部地区、中部地区、西部地区的平均值分别为43亿元/公顷、132亿元/公顷、66亿元/公顷、28亿元/公顷，平均增长量分别为26亿元/公顷、68亿元/公顷、36亿元/公顷、15亿元/公顷。在人均农业产出方面，东北地区、东部地区、中部地区、西部地区的平均值分别为 431 万元/人、344 万元/人、236 万元/人、246 万元/人，平均增长幅度分别为 0.876 万元/人、0.599 万元/人、0.494 万元/人、0.526 万元/人。实证检验表明：①前期农业生产状况会对当期农业生产状况产生影响；②在全国层面，随着农业产业集聚度的提高，农业产出强度和人均农业产出均将呈现出先增长、后降低、再增长的趋势，二者之间呈"N"形关系；③在区域层面，农业产出两个指标和农业产业集聚之间的关系在东北地区和西部地区呈"N"形，即随着农业产业集聚度的提高，农业产出将呈现出先增长、后下降、再增长的趋势，与全国保持一致，在东部和中部地区则呈现倒"U"形，即随着农业产业集聚度的提高，农业产出将呈现出先增长、后下降的趋势。

第三，1990—2016 年，我国农业绿色生产效率普遍实现了较大幅度的提升。在区域层面，东北地区、东部地区、中部地区、西部地区的农业绿色生产效率平均值分别为 0.312、0.456、0.319、0.341，东北地区、东部地区、中部地区、西部地区农业绿色生产效率的平均增长幅度分别为 0.293、0.529、0.396、0.358；我国各个省份的农业绿色生产效率差距较大，但这种差距在不断缩小。门限回归结果表明：①在全国层面，农业产业集聚与农业绿色生产效率之间确实存在着以环境规制为二重门限的非线性关系，农业产业集聚最初对农业绿色生产效率产生抑制作用，随着环境规制力度的不断提升，这种抑制作用不断减少直至为 0，之后则产生正向的推动作用并不断增强；②在区域层面，东北地区农业产业集聚与农业绿色生产效率之间存在着以环境规制为二重门限的非线性关系，中部地区、西部地区存在着以环境规制为单一门限的非线性关系，东部地区则不存在门限效应；③面板回归结果表明，农业产业集聚与农业绿色生产效率之间的关系在全国层面、东部地区、西部地区均表现为先降低、后增长、再降低的倒"N"形，在东北地区和中部地区则表现为先增长、后降低、再增长的正"N"形。

第四，1990—2016 年，我国农业面源污染排放总量普遍经历了先增长后减少的过程。在区域层面，东北地区、东部地区、中部地区、西部地区的农业污染排放量平均值分别为 208.528 万吨、561.418 万吨、384.941 万吨、486.335 万吨，平均增长量分别为 14.412 万吨、-0.849 万吨、76.897 万吨、139.032万吨。实证回归结果表明：①我国农业面源污染排放具有显著的空间相关性；②在全国层面，农业面源污染排放总量随着农业产业集聚度的提高呈现出先降低、在增长、再降低的趋势，二者之间呈倒"N"形关系；③在区域层面，上述现象在四大区域中也普遍存在，即在所有地区，农业面源污染与农业产业集聚之间存在倒"N"形关系，但拐点不同，这也进一步说明了农业产业集聚对农业面源的影响具有明显的区域异质性。

改革开放以来，我国农业生产取得了举世瞩目的成就，但与此同时，也面临着越来越严峻的农业资源短缺、生态环境恶化等条件约束。在此背景下，不断推动农业产业合理集聚，成为提高农业经济产出、提升农业绿色生产效率、遏制农业面源污染、最终促使农业经济实现绿色转型发展的重要途径和必然选择。

推动农业产业合理集聚进而促进农业经济实现绿色转型发展，不仅需要宏观层面的制度体系，也需要中观层面的协同推进，更需要微观层面的贯彻实践，最终形成一个宏观层面约束和激励制度完善、中观层面各部门合作推进、微观层面各主体生产生活行为转变的良好局面，从而切实推进农业绿色发展。为进一步加快农业绿色发展进程，实现农业经济绿色转型，本书根据以上结论提出了相应的政策建议。

8.2 政策建议

8.2.1 健全农业绿色发展体制机制

8.2.1.1 完善农业资源保护机制

与二、三产业相比，农业在生产活动中高度依赖水、土地等自然资源，因此应当加强对农业资源的保护力度，从源头上为农业绿色发展奠定基础。

首先，在土地资源方面，土地资源的保护和可持续利用是提高农业产出、推动农业经济增长的重要保证。但现有的土地保护制度依然存在着过度依靠行政法律保护、土地保护和土地占用矛盾加剧等明显问题，因此应当严格执行耕地保护制度，完善农田的占用审批制度，对占用审批的要求更加严格，制止乱占农田等现象；完善基本农田保护和改造制度，采用技术改造、生物修复、物理修复、植物修复等技术对土壤进行生态修复，提升农田质量；建立健全农田保护监督管理制度，坚决禁止占用、改变、破坏基本农田的行为；实施农村土地的整理、开发和复垦政策，全面展开对农村土地的整理工作，明确农村土地数量、质量的现状，完善土地置换政策，实现农地资源的动态性保护。

其次，在水资源方面，由于水资源是农业生产的最基本要素之一，应当满足农业生产对优质水资源的数量和质量的需求。因此，应当制定和实施最严格的水资源管理、保护制度，充分发挥政府在水资源管理中的核心作用。严守水资源开发利用控制红线、用水效率控制红线、水功能区限制纳污红线，不断强化对农业水资源的管理；完善水资源定价机制，发挥市场在水资源价格制定中的作用，将水价与农业生产使用量挂钩，体现出水资源的价值；构建区域水资源系统管理机制，对跨区域流动的水资源进行统一管理和有效管控，协调不同区域的农业水资源利用和保护。

最后，在林草资源方面，林草资源不仅是农业生产所需的原材料的重要来源，也在改善生态环境、促进社会经济发展等方面具有重要价值，我们应时刻认识到林草资源的重要性。但我国林草资源的保护和发展长期面临着资源总量不足、质量提升困难、经营力度不高、污染排放严重等问题。因此，一是应当加强对林草资源的保护力度。参考土地红线和水资源红线，应制定最严格的林草生态红线制度，明晰林草资源的产权和用途，建立健全相关的法律法规，严惩和依法追责非法征占、破坏、污染林草资源的行为。二是健全林草资源的休养生息制度和生态修复制度。在确保农牧民的政策性收入的同时，进一步推进新一轮退耕还林、退耕还草等工程建设，推动污染林草和退化林草的治理，促进林草资源的生态修复，不断提高其生态产品的生产能力。

8.2.1.2 完善农业资源产权制度

明确农业资源的产权归属，可以真正地强化政府对农业资源的用途管制和管理责任，为农业实现绿色发展奠定基础。但由于我国农业资源产权不清、市场经济体制发育不完善，我国现有的关于农业资源的产权制度存在较多缺陷。为了妥善解决这些问题，从源头上保证农业生产资源投入的高质量，应对土地、水、森林、草原、荒地等农业自然资源进行统一登记、统一确权，建立健全农业资源产权制度，实现归属清晰、权责明确、监管有效。

首先，建立健全农业资源的现代监管体系。建立农业资源资产数据信息管理平台，实现农业资源的统一调查评价、信息登记与审批、交易信息实时互通共享，有效提高各专业管理部门农业资源监督管理效率；对农业资源开展周期性资源资产调查与评估，根据农业资源的类型和区域差别，加快研究分类分区的农业资源评估、核算技术方法体系，对我国农业资源的分布情况、发展现状进行实时动态掌握。

其次，应逐步形成市场力量有效参与的公共产权规制模式。尝试可以引入农业资源产权代理者的竞争机制，不断改进和优化规制手段；进一步明确农业资源的所有权、使用权及收益权的归属和分配，把农业资源的保护责任和农业生态的维护责任纳入地方政府考核指标体系，不断督促地方政府加强农业资源产权的保护力度，提升农业绿色发展绩效。

最后，在明晰农业资源产权的基础上，进一步打造国有企业与非国有企业共同参与的农业资源多元化经营机制，强调各类产权主体的权利和义务的平等与均衡，不断强化农业资源的处分或处置权、保障资源收益或受益权，健全农业资源产权权能；建立健全农业资源环境市场，尝试构建排污权、碳排放权、水权等产权交易制度，促进农业资源产权交易市场的发展。

8.2.1.3 完善农业生态补偿机制

我国作为传统农业大国，地少人多，农业生产不断破坏人和自然生态的平衡，生产环境恶化、自然环境污染、粮食安全问题等日渐突出。优化农业生态补偿机制是推进农业绿色发展的现实需要，既可以保障农民的收益，激发广大农民参与农业生态建设的积极性，也可以确保农村社会的公平正义和社会稳定。但就目前来看，我国农业生态补偿机制依然存在诸多问题，主要表现为对农业生态补偿机制的重视程度不够、相关法律法规体系不全、法律法规可操作性差、补偿渠道和标准单一等，因此应当进一步优化农业生态补偿机制，推动经济发展、生活质量提升、环境保护三者协调发展，着力推进农业绿色发展。

首先，优化并改善农业生态补充的标准体系。农业生态补偿体系涉及政府、农户以及企业等主体的切身利益，同经济发展水平、地区环境特征、农业发展水平等因素密切相关，因此单一化的标准体系并不符合国情。应当基于各个区域的农业发展现状，结合其他相关因素，运用科学方法对生态资源的价值进行科学核算，为农业生态补偿提供参考，并根据地区的差异来制定相应的补偿等级，提高生态补偿的合理性和灵活性。如在农业资源丰富、生态环境较好的地区，优先补偿有机农业、绿色农业、生态农业；在农业资源较差、环境质量较差的地区，应首先重视生态修复、污染防治等方面的问题，因地制宜、逐渐优化不同区域农业绿色发展的生态补偿标准。

其次，完善农业生态补偿法制体系。加强对国内外农业生态补偿的经验与不足的学习，结合我国的发展状况，对农业生态补偿的补偿目标、补偿对象、补偿标准、补偿渠道等内容用法律的形式明确化，尤其是对有机农业、绿色农业、生态农业等有助于农业绿色发展的农业业态进行专门立法，推进农业生态补偿制度的建设进程。此外，还应当加强农业生态补偿的执法力度和监督力度，保障农业生产主体的知情权、参与权与监督权，提高其积极参与农业生态补偿和保护的主动性，不断提高农村生态补偿的执法效率。

再次，完善农业生态补偿管理体系。加快农业生态补偿方式和补偿机制的创新，实现管理体系的多元化发展。生态补偿涉及多个主体，对农户或者其他主体单一的经济补偿并不能完全支撑农业绿色发展,政府要起到宏观调控的作用,从农业绿色发展和生态可持续发展的角度出发,从教育、政策、人力资源积累等方面入手,结合现有项目推进农业绿色转型。

最后,完善农业生态补偿的资金管理体系。充足的资金仍然是保证生态补偿短期效益的重要前提。因此应不断完善农业生态补偿的资金管理体系,整合政府、社会等多方力量,拓宽农业生态补偿的资金来源,形成以政府财政为引导,企业、社会组织、个人等共同参与的资金来源体系,满足农业生态补偿的资金需求;进一步建立和完善农业生态补偿机制的交易平台,促进供给方、需求方之间的信息交流,提升信息透明度,为农业绿色发展提供更好的环境;进一步完善农业生态补偿的转移支付制度,以减少交易成本,实现对生态补偿资金的有效利用。

8.2.1.4　完善政府生态责任制度

农业绿色发展目标的实现不仅需要市场发挥其作用,更离不开政府的宏观调控。而制定完善的政府生态责任制度可以更好地激发政府部门提高工作效率,激发农业绿色转型的积极性和动力。

首先,应当对政府部门现有的绩效考核标准进行调整和优化。自党的十八大以来,政府出台了一系列调整政府绩效考核标准的政策。这些政策均明确指出政府考核不应该只考虑经济增长因素,更应当考虑社会发展和生态环保等因素,因此,应制定结合农业生态保护、农业绿色生产等指标在内的考核体系,激发政府切实推动农业绿色转型的内生动力。

其次,应当完善政府的生态环境行政管理体制。涉及农业生态环境的部门较多且各自负责相应的板块,因此应当理顺利益主体、管理部门、辅助部门,以及农业发展部门、环境保护部门的关系,明确各自的职责范围,强化各个部门之间的协调与合作,实现部门之间相互制衡、相互监督,做到权责分明,不断提高行政管理效率。

最后,强化政府生态责任监督机制。在推进农业绿色发展的进程中,不可避免地会出现政府失灵现象。政府失灵指的是在现代的政府体制中,个人对公共物品的需求得不到有效满足,而公共部门在生产和提供公共产品中出现过度投入、资源浪费现象，导致政府支出过大、效率过低。为了解决这些问题，应当建立健全政府生态责任监督机制，不断约束和监督政府在生态责任履职过程中的具体行为，对政府行为失当导致的农业生态责任进行依法追责。

8.2.2　促进农业产业绿色高效集聚

8.2.2.1　优化农业生产空间布局

农业主体功能的明确和空间布局的优化是实现农业绿色发展的基础和前提。2017 年 9 月 30 日，中办、国办在其发布的《关于创新体制机制推进农业绿色发展的意见》中曾明确提出，要优化农业的主体功能和空间布局，构建科学、适度、有序的农业空间布局体系。要建立同农业资源环境和生产生活生态相协调的农业发展格局，就需要理顺并优化农业空间、生态空间和城镇空间这三者间的关系。

首先，不断优化农业空间和非农空间的布局。国土空间作为一种宝贵的稀缺资源，是人类一切生产生活活动得以进行的承载环境。在新型工业化和新型城镇化不断加快的背景下，国土空间的规划与开发承担着巨大的压力，不但要适应人口增长、工业扩大、城镇扩张等需求，还要保证农产品供给充分、维持国家粮食安全。面对我国国土空间有限和非农活动逐渐扩张的现实，合理规划工业用地和城镇用地，进一步控制各类建设对耕地的占用，协调优化农业空间和非农空间就成为重中之重。

其次，推动农业空间和生态空间的优化布局。生态空间是国土空间的重要内容。保证国家生态安全、满足人们对良好生态环境的向往都依赖于良好的生态空间，因此，应当树立起保护优先的原则。农业生产具有独特的作用，它不仅拥有直观的经济意义，还有重要的生态价值。对农业空间的合理规划有助于充分发挥农业生产的生态功能、景观功能和间隔功能，进而大幅提高农业生产的生态绩效。因此，应当充分考虑农业生产对自然生态环境的保护和建设作用，通过合理的空间管制措施推动其集约高效利用和保护，实现农业和生态环境协调发展。

最后，始终将绿色发展理念贯穿于农业生产布局之中。要实现农业绿色发展，应当始终尊重自然、认识自然、利用自然并保护自然，在农业生产布局中坚持绿色发展的理念和山水林田湖草为一生命共同体的观念，严禁在水面、湿地、湖泊、草地、林地等地从事农业开发，科学合理地划设优化发展区、适度发展区、保护发展区等不同功能区，推动农业生产向优化发展区、适度发展区转移，不断降低保护发展区的农业活动；在现有农业空间中，科学合理划设粮食生产功能区、特色农产品生产功能区、重要农产品生产功能区，明确各区生产功能。以上措施可以妥善解决国土空间的资源错配问题，实现国土空间均衡、稳定发展，保障国家粮食安全。

8.2.2.2 优化农业产业结构

农业产业结构不仅涉及林业、牧业、种植业、渔业等各农业生产部门结构，还涉及传统农业、绿色农业和生态农业等农业业态类型结构。对农业产业结构进行优化调整，就是要构建科学合理的结构形式，充分运用现代农业科技从质上改变农业发展模式，提高农业绿色发展的效率，进而满足人们对高质量、多种类、特色化农产品的需求。

首先，加速农业结构调整，推动农业内部融合发展。要积极发挥本地资源优势，优化农业种养结构，坚持循环发展理念，坚持农牧结合、农林结合的生产方式，加速绿色农业发展。积极开展高产、高效、高附加值农业和种养结合的循环农业。设法鼓励、引导返乡、下乡人员创新创业，推动农业内部融合发展。

其次，加快推进产业链融合发展。推动农业向后延伸，促进农产品加工业、农业生产性服务业向农业延伸，使农业产业链上下游保持紧密协作。促进农产品深加工业的发展，培育一批农产品加工园区，加快发展农产品多级系列加工。加快推动"三品一标"的持续健康发展，帮助农产品"走出去"，不断促进农产品出口，延伸农业产业链、价值链与供应链。

最后，加快发展农业新业态。积极推动农业新型业态的发展，促进新技术渗透融合发展。开展"互联网+现代农业"行动，推动互联网、大数据、云计算、物联网同现代农业融合，建立以互联网为依托的新型农业生产经营体系，大力发展智能化农业和精准农业。

8.2.2.3 发展新型农业经营主体

推动农业转型升级、加速农业现代化建设，必然要求不断培育、壮大新型农业经营主体。唯有不断培育不同类型的农业生产主体并强化主体间的利益联结，才可以实现农业产业链的延伸，促进农业增加值的持续性增长，有效支撑农业绿色发展。

首先，培育多种农业经营主体。大力扶持农业大户，在发展传统农民的同时，积极引入新型农民，培养一批骨干农民，推进农业主体向职业化方向发展；鼓励家庭农场的发展，推动家庭农场转变为具备法人资格的市场主体，支持种养大户组建家庭农场；促进农业合作社的发展，不仅要实现农民增收和致富，还要提高合作社的市场竞争力和风险抵抗能力；推动农业龙头企业发展，培育出有竞争力的大型现代农业企业，带动农村产业融合发展。

其次，构建有效的农业主体利益共享机制。要建立涵盖农产品生产、加工、销售全流程的产业链，引导龙头企业在平等互利的基础上同农户、家庭农场和农民合作社订立产品购销合同，确定合理的收购价格，建立稳定的购销关系；鼓励龙头企业为农户、家庭农场和农民合作社提供贷款担保并资助农户参与农业保险；推动农产品产销合作，构建技术开发、生产标准及质量追溯体系，建立共同营销基金，培育联合品牌，以实现主体间的利益共享；鼓励股份合作制发展，加强工商企业的社会责任，建立良好的风险防范机制。

最后，推动农业生产主体融合发展。一是要鼓励农业大户和家庭农场延长其产业链条，积极发展初加工、地产地销等业态，推进农产品在当地加工转化，推动产业融合。二是要促进农民合作社联合，强化"社社联合""社场联合"和"社企联合"，促使农业产业链增值成果更多地留在农村，为农民带来就业和增收机会，并最终实现一、二、三产业的融合发展。三是要促进龙头企业融合，以农产品加工、流通领域的龙头企业为依托，强化产业链建设与供应链的管理，不断提高农产品附加值。

8.2.2.4　加快农业生产园区建设

现代农业园区聚集着大量智力创新要素，推动着产业融合发展，是实现农业现代化的重要载体。在经过 20 多年的发展后，我国现代农业生产园区不仅促进了农业技术的推广，也推动着农业生产效率和农民收入的提高。但是，一些园区也存在科技成果转化率低、引领产业发展能力弱等问题，导致其对属地的综合贡献较低，这正是过度依赖政府投入而自身内生发展动力不足的结果。因此，在加大现代农业园区建设力度的同时，要注重措施的科学合理性，促使园区成为优质高效的农业发展平台。对农业产业园区的建设，应最终使其成为新型农业经营主体的培育基地、农业产业规模化和集约化发展的载体、农业科技成果推广的基地，以完成农民更富、农业更强、农村更美的农业现代化发展目标。

首先，明确发展思路。明确的发展思路是现代农业园区建设的前提。应当综合考量地区自然资源、生产技术、市场贸易等方面的优劣势，对主导产业发展壮大的可行性进行评估。充分发挥市场在资源配置中的决定作用，在园区扶持一批拥有先进技术并能提供新供给的农业领军企业，以技术进步带动农业产业结构的优化，积极推动新产业、新业态的发展，建立具有明显规模效应、完善的产业链和核心竞争力的大农业。

其次，加强整体规划。现代农业园区的建设应当有较强的整体观念，要加强宏观引导，统筹规划大区域内的农业开发，避免产业趋同和低水平重复。现代农业园区同时也是重要的农业标准化生产示范平台，因此需要在国家和行业标准的基础上，着力突出地方特色标准，树立地方典型。应当推动农产品标准化示范园区建设，积极提升农产品在质量安全和生产管理方面的水平。要建立有效的园区发展激励机制，在奖励优秀农业主体的同时，主动淘汰效益低下的主体。

最后，加强现代农业园区建设，推动产业集聚融合发展。构建现代农业示范区和农业产业化示范基地，逐步完善生产、销售配套服务，建立农产品展销中心、物流配送中心和集散中心。重点发展一县一业，打造驰名商标，在农业优势产区培育发展农产品优势品牌。以现代农业产业园建设为依托，争取打造省级甚至全国性的农产品龙头企业，建立农业技术水平高、科技创新和转化能力强的企业集群，推动农业产业集聚。加强创新驱动，提高农业科研投入，借助高校等科研单位的科技创新优势，破解科技对农业园区发展的限制，充分激发农业生产潜力。推动农业与新一代信息技术，如互联网、大数据、物联网、云计算等的融合，借助现代科技提升农业生产、销售效率。构建完善的公共服务体系，完善农村土地利用制度，提升园区土地利用效率，提高土地的资本增值水平，形成合理的土地增值收益分配制度。充分利用现代金融工具，将信贷资金和财政投入有机结合，优化园区投资、建设和运营方式，引导金融资本和社会资本进入农业园区，破解农业开发融资难问题。

8.2.2.5 大力实施区域品牌战略

农业产业区域品牌的成功打造，在某种程度上也意味着农业产业集聚实现了良性发展。与单个农业龙头企业打造属于自己的品牌相比，区域品牌可以体现整个农业产业集群的外在形象，意义重大，主要表现在以下方面：一是它有助于推动产业区内的企业之间建立更加密切的联系，通过与区域自然、历史、文化等特点相结合赋予品牌更加深刻的内涵，进而推动产业区品牌文化建设，在市场上获得成功的著名品牌，如鄂尔多斯羊绒、金华火腿等都是依靠区域内企业集体协作形成集聚经济优势，将特色产业与地方文化相结合，进而积极抢占市场而获得成功的；二是能够推动农产品标准化体系的形成，在同一区域品牌下集聚的企业之间存在强烈的竞争，这种竞争持续推动着企业采用多种措施来提高产品质量与标准，达到甚至超越国际标准；三是优秀的区域品牌是区域内企业共同的无形资产，有助于提升当地企业产品形象和认可度，赋予企业宝贵的品牌效益。

8.2.3 完善农业绿色发展支撑体系

8.2.3.1 加强农业金融服务体系建设

我国农村金融服务机构体系尚不成熟，存在很多问题，因此有必要加强农村农业金融服务支撑体系建设，为农业绿色发展提供良好的金融发展环境。

首先，加强金融支农力度，推动各金融机构在农村设点服务。中国农业发展银行、中国农业银行、农村信用社（农商行）、中国邮政储蓄银行是目前主要的农村金融服务机构，但不能满足农村金融服务需求，因此应鼓励和推动众多金融机构为农业绿色发展提供更公平的金融服务。目前农村金融产品种类与创新不足，农业生产周期长、受自然环境影响的风险大，农村金融产品与农业发展不匹配。农业供给侧结构性改革可以极大地激发农民积极性，提升农业发展活力。农村农业绿色发展需要更多金融机构和资金的支持以及公平合理的金融服务。

其次，不断提升金融服务供给水平，丰富农村产业融资渠道。金融服务机构的合理布局和科学规划能够更方便快捷地提供金融服务，从而为农业绿色发展提供动力。应以"村村通"为基础，构建"物理网点+服务点+电子机具+流动服务"等多层级农村支付结算体系，有序推进金融机构合理布局。

最后，不断提升服务"三农"积极性，提升金融服务能力。农村经济发展不断加快，对绿色发展理念的理解更加深入，金融机构需要有针对性地提升服务"三农"的积极性，包括进行针对农业的银行改制、更新产品服务以及培养专业人才等。

8.2.3.2　加快农业基础设施体系建设

首先，加强农产品产地物流服务体系建设。完善农产品市场物流体系，以扩大特色农产品的市场，为农业绿色发展和产业集聚提供支撑。完善农产品生产地域产品市场的有效对接，推动农产品从生产到销售的价值链衔接和转移。科学规划和完善物流体系服务，重视农业集聚形成的物流园区和节点布局，建立公路、铁路、水路运输互补的农产品运输体系，利用乡间"村村通"交通优势，建设方便快捷、布局合理、功能完善、运行高效的跨区物流通道和网络体系。

其次，加强农业绿色产品市场信息服务体系建设。不断推进农村地区的信息化发展进程。一是采取多种措施帮助农民提高学习技能，改善农民接触新信息、新技术的基础设施条件。二是要结合广电网、电信网等现代网络技术，扩大农产品市场覆盖范围，建设区域性乃至全国性的信息技术交流平台，推进农业绿色发展技术交流，促进信息资源交流共享和农村经济发展。三是加强平台管理维护，及时更新平台信息，为政府调控、农产品流动以及农村经济发展提供完善的信息。

8.2.3.3 加快农业社会服务体系建设

首先，加强物流体系建设。依托综合交通运输体系、区域内资源和区位优势，政府、企业、农户相互联合，以政府引导、社会投资、市场化运作等方法，建设一批满足农户需求、企业牵头以及政府支持的批发市场和物流中心，推动农村物流体系与城镇物流体系接轨，为农产品运输和农业集聚绿色发展提供配套设施服务，推动农村和城市资源有效流通，进一步促进城乡之间社会服务均等化。

其次，加强信用体系建设。建立统一开放、公平竞争的农村市场，需要参与主体加强自律，为经济发展创造良好环境。加强信用体系建设，改善区域信用环境，政府应积极推进农户和企业等主体的信用体系建设，使农户能够享用更多的、差异化的金融产品和金融服务。农村信用是推动中小微企业融资的重要力量，可以大幅度提升金融对"三农"的服务水平，促进农业集聚和绿色发展。

最后，加强中介服务体系建设。培育中介组织，为农村经济发展提供新的路径。一是为农业产业集聚区提供产业"孵化器"，为需要技术的人员和用工企业提供中介服务，兴办教育机构，为农民提供学习新技能的机会，提高劳动力匹配效率；二是鼓励发展符合农村经济形势的服务公司，实现规模化运作，规范农业生产和营销工作。

8.2.3.4 加快农业科技创新体系建设

政府长年高度重视"三农"问题，持续加快农业科技创新体系建设，为农业绿色创新发展提供了良好的创新环境，但农业科技创新依然不足，推广也相对不够。面对农业绿色化发展要求，农业科技进步的潜力很大，可以促进农业规模化发展、实现良性集聚，是农业实现绿色发展的关键动力。

首先，加大农业科技创新投入。为了快速实现农业科技的跨越式发展，一是要深化科技推动生产进步的理念，二是不断加强科技创新中的新技术、新产品和新设备的研发力度和资金投入，特别是对节水节肥技术、绿色营养优质农业产品的研发投入。

其次，加强各个部门的产学研合作。在一般情况下农民教育水平不高，创新能力不足，导致农业科技研发能力较弱，不能满足农业科技创新的现实需求，需要同其他部门进行深度合作。政府应优化创新环境，帮助企业整合社会科技资源，最重要的是牵线农业大专院校、科研院所展开深入合作，形成政府、企业、高校与农户联合的利益共同体，逐步去除薄弱点，增强科技力量。

最后，完善科技创新成果转化和推广机制。农业技术创新的成果转化和推广是提升农业生产效率、集聚规模效应的重要途径。与其他产业相比，农业生产环境差异较大，导致农业科技转化效率与普适性较低，因此区域之间应建立有效的技术交流合作平台，不断加大推广力度，加快成熟适用绿色技术、绿色品种的示范、推广和应用。

8.2.3.5 加快农业优秀人才体系建设

农业金融服务体系、基础设施体系、社会服务体系以及科技创新体系的建设都离不开农业优秀人才体系的支撑。需要越来越多的优秀人才为农村发展和农业绿色发展提供力量，为农业经济转型服务。

首先，加大力度培养人才、吸引人才、留住人才。建立健全政府牵头、高校支持的人才培养机制，保证农业技术人才供给。同时解决人才的后顾之忧，保证农业人才的培训、引进、科研、创业、补助等方面的资金需求，留住能够为农业经济发展做出贡献的专业人才。

其次，建立农业人才培养机制。建立和完善农业人才培养机制，除了依靠高校培养专业人才之外，还要针对区域农业绿色发展、集聚发展的要求，把农业科技创新、提升生态服务功能等内容纳入人才培养范畴。鼓励农村集体着力培养掌握绿色生产技术的新型职业农民，不断扩大本土农业的人才储备库。

最后，提高农民职业化水平。农民是农业生产的主力军，促进农民向职业化转化是农业绿色发展的新要求。随着农业科技的不断推广，要以集体为单位组织农民进行职业教育培训，转变农业生产方式和理念，将绿色发展植入农民生产生活中，培养一批高水平、高素质的新型职业农民。

8.2.4 推进农业生产实现绿色转型

8.2.4.1 树立绿色发展理念

农业绿色转型发展不仅能为人民提供优质农产品，更是一个重大的战略问题，因此应深刻理解和运用新发展理念，将绿色发展贯穿农业发展始终，实现农业绿色转型发展。

首先，加强农业生产主体的绿色环保意识。农业绿色生产是食品安全的第一道门槛，将绿色、环保的理念根植于生产活动中，使农业生产主体主动提高产品质量，同时关注环境问题，坚持以绿色提升产品质量、以质量提升农业价值，促使农业政策从增产导向逐渐转向提质导向。价值导向的转变并非一蹴而就，要坚持持之以恒的态度，政府主管部门起带头作用，不宜以单一的产量来评价得失。

其次，推行绿色消费观念，倡导绿色生活理念。在粮食安全得到保证的前提下，推动特色农业产业发展，发展与环境相契合的农业产品，保证特色多样的消费品供给。加强农业品牌建设，完善品牌标准体系，为消费者提供客观公正的信息。加强市场监管力度，使消费者可以放心购买高质量的生态农产品。

8.2.4.2 转变农业生产方式

传统的农业生产方式效率低下且易带来资源浪费、环境污染等问题。推动农业生产方式转变和农业产业合理集聚，实现农业绿色发展，既要考虑当前利益，又要考虑未来长远利益；既要考虑质量发展问题，又要考虑环境问题。现代化的生产方式能更好地提高农产品精深加工水平，扩大产品范围，提升产品价值。

首先，要注重农业技术的推广和应用。鼓励在农业生产过程中采用最新的绿色、节能、生态等高新技术，降低折旧、损耗，最大限度减少农业发展过程中的污染排放以及对未来生态环境的不利影响，保证农业生产利润；强化农产品的绿色功能，将传统农业同现代农业相结合，使用绿色有机化肥等，不断发挥农产品的生态功能，最大限度实现农产品绿色化。

其次，应该延长农业产品价值链。向前端延伸带动农户发展农产品基地，后向延伸开发物流网络、销售网络以及客户服务网络，鼓励各类市场主体组建产业团体联盟，使各个企业形成功能互补的产业价值链和价值网络，使农户能够从中获取利益。

最后，保障农产品质量安全。农产品质量安全是产品升级和生产方式转换的基础，应加强农产品源头治理，规范农产品生产过程，打造知名品牌，完善监管机构和监管机制，全面保障农产品质量安全。

8.2.4.3　加强面源污染防治

长期以来，我国传统农业生产方式不仅造成资源浪费，还导致我国农业面源污染不断加重。化肥过量施用、秸秆燃烧等会导致土地、空气质量恶化，严重破坏我国农用耕地的承载能力，并对人们的生活环境以及生命健康形成威胁，因此加强农业面源污染预防与治理迫在眉睫。

首先，不断减少农业化学品投入量。转变生产理念，从保量向保质演进，提高化肥使用效率，提高化肥可分解性，积极推广绿色原生态技术，生产有机食品，保证粮食安全。严格控制化学品投入量，支持低能耗、低污染的农业投入品，使用可降解塑料薄膜，以替代对自然环境造成压力的化工品。

其次，推进农业废弃物资源化利用。与其他产业相比，农业资源的可循环利用水平更高。加大农业废弃资源利用力度，不仅可以提高农业资源利用率，而且可以减少其对自然环境的污染，优化农业发展环境，提高生产效率。一方面要提高相应的科技水平，如开展秸秆高值化产业化利用、开展农牧循环发展等；另一方面，采取源头治理、源头开发以及源头减量等治理思路，从源头控制环境污染，全面防止污染。

最后，加强对工业污染和城镇污染的防控。根据前文的分析，由于污染物具有流动性和传播性，工业污染和城镇污染会恶化农业生态环境，不利于农业绿色发展目标的实现，因此应当建立工业污染和城镇污染监测体系、治理体系，严格防控工业污染和城镇污染的排放，切实保护农业发展环境。

8.2.4.4 加强区域交流合作

我国地域辽阔，区域之间农业环境差异巨大，为保证能够更有效地推进农业生产实现绿色转型，需要区域之间交流合作、互帮互助、相互借鉴经验。我国各区域和各省份农业产业集聚对农业绿色发展的影响均存在极为明显的差异。加强区域交流合作，即要加强农业生产合作、技术合作与交流、污染治理合作。

首先，加强农业生产合作。促进经济较落后地区向先进地区学习发展现代农业、绿色农业的发展模式，因地制宜促进自身发展。中西部农村地区要依靠自身优势，以东部需求的农副产品为导向，生产高品质并具有特色的农产品。

其次，加强技术合作与交流。加强区域之间的技术交流与合作，发挥区域优势，对先进技术进行大力推广和融会贯通；建立发达地区和欠发达地区科技对口衔接渠道，政府部门发挥牵头带动作用，组织学习，充分发挥技术、人才的作用，共同分享科技成果，提高农业科技创新能力。

最后，加强污染治理合作。考虑到环境污染具有流动性和传播性的特点，区域之间的污染治理要有一定的合作机制，在规范各自辖区主体的生产行为的同时也要监督其他地区的污染治理，推动自我督促、他人监督的合作机制，共同合作提高资源整合效率。共同树立绿色发展理念、统筹推进转变农业生产方式、加强面源污染治理，不断推进各个地区农业生产实现绿色转型。

8.3 研究展望

限于个人理论水平和实证能力，以及现有数据的可获得性，本书对现有研究成果的理解尚未深入，对农业产业集聚影响农业绿色发展的研究有待进一步深入，在未来的学习和工作中，笔者将从以下角度出发，对相关问题进行深入思考：

第一，尝试对农业子行业的绿色发展进行分析。参考现有的主流研究成果，本书也采用了总量分析，但农业包括了诸多子行业，根据总量分析得出的结论制定的政策建议，在针对子行业时其有效性和针对性会有所下降。因此，未来笔者将深入农业子行业层面，根据不同行业的特点和发展阶段来研究该行业的绿色发展问题，为加快推进我国农业绿色转型和绿色发展提供更加科学有效的理论建设。

第二，尝试构建能够全面衡量农业绿色发展水平的指标体系。本书将农业绿色发展的内涵界定为产出增长、绿色生产效率提升和生态环境良好三个层面，并分别研究了农业产业集聚对以上三个层面的影响。而农业产业集聚对农业绿色发展整体的影响是什么？受制于现有的指标体系和数据来源，本书未能给出确切答案。在今后的研究中，笔者将着重选取相关指标、构建指标体系，对农业绿色发展水平进行科学测量和分析，为横向和纵向比较奠定数据基础。

第三，尝试分析特定因素在农业产业集聚影响农业绿色发展过程中的中介作用。在分析中，本书引入了科研、政府扶持、环境规制等多个因素作为解释变量，今后笔者会继续深入细化地研究农业产业集聚通过影响某个变量进而影响农业绿色发展的机制，进一步丰富和补充相关研究。

参考文献

蔡宁，吴结兵，2002. 企业集群的竞争优势：资源的结构性整合 [J]. 中国工业经济（7）：45-50.

曹大宇，李谷成，2011. 我国农业环境库兹涅茨曲线的实证研究：基于联立方程模型的估计 [J]. 软科学，25（7）：76-80.

陈建军，胡晨光，2008. 产业集聚的集聚效应：以长江三角洲次区域为例的理论和实证分析 [J]. 管理世界（6）：68-83.

陈俊，2018. 习近平新时代生态文明思想的内在逻辑、现实意义与践行路径 [J]. 青海社会科学（3）：21-28，35.

陈亮，解晓悦，2016. 新常态下如何构建现代农业绿色发展新格局的思考 [J]. 山西农经（9）：33-35.

陈敏鹏，陈吉宁，赖斯芸，2006. 中国农业和农村污染的清单分析与空间特征识别 [J]. 中国环境科学（6）：751-755.

陈强，2010. 高级计量经济学及 Stata 应用 [M]. 北京：高等教育出版社.

陈锡文，2017. 论农业供给侧结构性改革 [J]. 中国农业大学学报（社会科学版），34（2）：5-13.

程琳琳，张俊飚，何可，2018. 农业产业集聚对碳效率的影响研究：机理、空间效应与分群差异 [J]. 中国农业大学学报，23（9）：218-230.

单豪杰，2008. 中国资本存量 K 的再估算：1952~2006 年 [J]. 数量经济技术经济研究，25（10）：17-31.

邓心安，刘江，2016. 农业形态演变与绿色转型的目标模式 [J]. 东北农业大学学报（社会科学版），14（1）：1-6.

邓宗兵，封永刚，张俊亮，等，2013. 中国种植业地理集聚的时空特征、演进趋势及效应分析［J］. 中国农业科学，46（22）：4816-4828.

董强，2013. 马克思主义生态观研究综述［J］. 当代世界与社会主义（6）：183-187.

杜建军，张军伟，邵帅，2017. 供给侧改革背景下中国农业产业集聚的形成演变研究［J］. 财贸研究，28（5）：33-46，99.

杜能，2011. 孤立国同农业和国民经济的关系［M］. 吴衡康，译. 北京：商务印书馆.

段蕾，康沛竹，2016. 走向社会主义生态文明新时代：论习近平生态文明思想的背景、内涵与意义［J］. 科学社会主义（2）：127-132.

范剑勇，2006. 产业集聚与地区间劳动生产率差异［J］. 经济研究（11）：72-81.

傅京燕，赵春梅，2014. 环境规制会影响污染密集型行业出口贸易吗?：基于中国面板数据和贸易引力模型的分析［J］. 经济学家（2）：47-58.

高欢欢，2019. 绿色经济的马克思主义生态理论基础［J］. 生态经济，35（3）：220-223，229.

葛鹏飞，王颂吉，黄秀路，2018. 中国农业绿色全要素生产率测算［J］. 中国人口·资源与环境，28（5）：66-74.

管延芳，2017. 中国农村土地流转信托推进农业绿色发展探究［J］. 农业经济（2）：18-20.

郭迷，2011. 中国农业绿色发展指标体系构建及评价研究［D］. 北京：北京林业大学.

韩长赋，2017. 大力推进农业绿色发展［J］. 农村工作通讯（10）：5-7.

胡瑞法，黄季焜，2002. 从耕地和劳动为资源看中国农业技术构成和发展［J］. 科学对社会的影响（2）：30-36.

胡向东，王济民，2010. 中国畜禽温室气体排放量估算［J］. 农业工程学报，26（10）：247-252.

胡中应，胡浩，2016. 产业集聚对我国农业碳排放的影响 [J]. 山东社会科学（6）：135-139.

黄繁华，王晶晶，2014. 服务业 FDI、吸收能力与国际 R&D 溢出效应：一项跨国经验研究 [J]. 国际贸易问题（5）：95-104.

黄海平，龚新蜀，黄宝连，2010. 基于专业化分工的农业产业集群竞争优势研究：以寿光蔬菜产业集群为例 [J]. 农业经济问题（4）：64-69，111.

黄海平，黄宝连，2011. 我国农业优势产业集群发展的困境分析：以新疆棉花产业集群为例 [J]. 农村经济（8）：32-35.

黄佳琦，刘舜佳，2017. 我国农业产业集聚度与农业经济发展对农村生态环境的影响：基于 1998—2014 年省际面板数据的实证研究 [J]. 贵州农业科学，45（7）：135-140.

黄明元，吴艾，2016. 长沙与株洲休闲农业产业集群集聚度比较及效益研究 [J]. 怀化学院学报，35（4）：17-22.

黄永春，石秋平，2015. 中国区域环境效率与环境全要素的研究：基于包含 R&D 投入的 SBM 模型的分析 [J]. 中国人口·资源与环境，25（12）：25-34.

吉小燕，周曙东，2016. 全要素生产率及其对农业经济增长的影响：基于江苏省的实证研究 [J]. 科技管理研究，36（21）：104-108.

贾滨洋，袁赛，闫楠，2017. 农业环境库兹涅茨曲线：文献综述与未来展望 [J]. 黑龙江社会科学（6）：50-53.

贾兴梅，李平，2014. 农业集聚度变动特征及其与农业经济增长的关系：我国 12 类农作物空间布局变化的实证检验 [J]. 中国农业大学学报，19（1）：209-217.

贾秀飞，2015. 河北农业面源污染与农业经济增长水平关系实证分析 [J]. 陕西农业科学，61（4）：119-123.

江激宇，蒋罗那，何玲玲，2018. 农业产业集聚对提高农民收入的影响 [J]. 沈阳大学学报（社会科学版），20（1）：35-39.

赖斯芸，杜鹏飞，陈吉宁，2004. 基于单元分析的非点源污染调查评估方法 [J]. 清华大学学报（自然科学版）(9)：1184-1187.

李春海，张文，彭牧青，2011. 农业产业集群的研究现状及其导向：组织创新视角 [J]. 中国农村经济 (3)：49-58.

李二玲，庞安超，朱纪广，2012. 中国农业地理集聚格局演化及其机制 [J]. 地理研究，31 (5)：885-898.

李谷成，2015. 资本深化、人地比例与中国农业生产率增长：一个生产函数分析框架 [J]. 中国农村经济 (1)：14-30，72.

李谷成，范丽霞，成刚，等，2013. 农业全要素生产率增长：基于一种新的窗式 DEA 生产率指数的再估计 [J]. 农业技术经济 (5)：4-17.

李国祥，2017. 论中国农业发展动能转换 [J]. 中国农村经济 (7)：2-14.

李君，庄国泰，2011. 中国农业源主要污染物产生量与经济发展水平的环境库兹涅茨曲线特征分析 [J]. 生态与农村环境学报，27 (6)：19-25.

李宁顺，2012. 利用外商直接投资促进农业产业集聚的对策 [J]. 安徽农业科学，40 (32)：15921-15922，15925.

李欠男，李谷成，高雪，等，2019. 农业全要素生产率增长的地区差距及空间收敛性分析 [J]. 中国农业资源与区划，40 (7)：28-36.

李汝资，吕芸芸，王文刚，等，2019. 中国城市用地扩张对农业全要素生产率的影响研究：基于土地财政的门槛效应视角 [J]. 华东经济管理，33 (8)：76-82.

李勋来，李国平，李福柱，2005. 农村人力资本陷阱：对中国农村的验证与分析 [J]. 中国农村观察 (5)：17-22.

李艳芳，曲建武，2017. 习近平新时代中国特色社会主义生态文明建设思想探析 [J]. 广西社会科学 (12)：12-17.

李兆亮，罗小锋，张俊飚，等，2016. 基于能值的中国农业绿色经济增长与空间收敛 [J]. 中国人口·资源与环境，26 (11)：150-159.

李志春，2006. 发展广东农业产业集群的系统分析 [J]. 南方农村

（4）：45-48.

梁俊，龙少波，2015. 农业绿色全要素生产率增长及其影响因素［J］. 华南农业大学学报（社会科学版），14（3）：1-12.

梁流涛，曲福田，冯淑怡，2013. 经济发展与农业面源污染：分解模型与实证研究［J］. 长江流域资源与环境，22（10）：1369-1374.

梁琦，2004. 产业集聚的均衡性和稳定性［J］. 世界经济（6）：11-17，80.

梁琦，2004. 知识溢出的空间局限性与集聚［J］. 科学学研究（1）：76-81.

梁伟健，江华，廖文玉，等，2018. 农业面源污染与农业经济增长的空间互动效应［J］. 江淮论坛（3）：34-42.

林伯强，谭睿鹏，2019. 中国经济集聚与绿色经济效率［J］. 经济研究，54（2）：119-132.

林光华，陆盈盈，2019. 气候变化对农业全要素生产率的影响及对策：以冬小麦为例［J］. 农村经济（6）：114-120.

刘培芳，陈振楼，许世远，等，2002. 长江三角洲城郊畜禽粪便的污染负荷及其防治对策［J］. 长江流域资源与环境（5）：456-460.

刘湘辉，孙艳华，2015. 基于区位商法的湖南农业产业集聚发展测度与辨识［J］. 广西财经学院学报，28（6）：116-122.

刘於清，2018. 习近平新时代中国特色社会主义生态思想的渊源、特征与贡献［J］. 昆明理工大学学报（社会科学版），18（3）：42-47.

刘志成，张晨成，2015. 湖南省农业生态效率评价研究：基于 SBM-undesirable 模型与 CCR 模型的对比分析［J］. 中南林业科技大学学报（社会科学版），9（6）：32-36，66.

刘志欣，邵景安，李阳兵，2015. 重庆市农业面源污染源的 EKC 实证分析［J］. 西南师范大学学报（自然科学版），40（11）：94-101.

刘中会，刘力臻，2009. 产业集群社会资本对技术的引进、扩散和创新的影响：以寿光蔬菜产业集群为例［J］. 经济问题（4）：47-49.

刘子飞，2016. 中国绿色农业发展历程、现状与预测 [J]. 改革与战略，32（12）：94-102.

龙翠红，2007. 人力资本对中国农村经济增长作用的实证分析 [J]. 湖北社会科学（11）：98-101.

罗浩轩，2017. 新常态下中国农业经济增长的三重冲击及其治理路径：基于1981—2013年中国农业全要素生产率的测算 [J]. 上海经济研究（2）：24-33.

吕超，周应恒，2011. 我国农业产业集聚与农业经济增长的实证研究：基于蔬菜产业的检验和分析 [J]. 南京农业大学学报（社会科学版），11（2）：72-78.

吕娜，朱立志，2019. 中国农业环境技术效率与绿色全要素生产率增长研究 [J]. 农业技术经济（4）：95-103.

蒙大斌，王昕，2016. 农业生产资料的市场分割对生产技术效率的影响 [J]. 中国科技论坛（7）：111-117.

孟祥海，周海川，杜丽永，等，2019. 中国农业环境技术效率与绿色全要素生产率增长变迁：基于种养结合视角的再考察 [J]. 农业经济问题（6）：9-22.

闵继胜，胡浩，2012. 中国农业生产温室气体排放量的测算 [J]. 中国人口·资源与环境，22（7）：21-27.

年猛，2018. 农业产业集聚：文献综述及其引申 [J]. 生态经济，34（5）：93-98.

潘丹，应瑞瑶，2013. 资源环境约束下的中国农业全要素生产率增长研究 [J]. 资源科学，35（7）：1329-1338.

彭国华，2005. 中国地区收入差距、全要素生产率及其收敛分析 [J]. 经济研究（9）：19-29.

钱德勒，1999. 企业规模经济与范围经济 [M]. 张逸人，等译. 北京：中国社会科学出版社.

钱秀红，徐建民，施加春，等，2002. 杭嘉湖水网平原农业非点源污染的综合调查和评价 [J]. 浙江大学学报（农业与生命科学版）(2)：31-34.

乔恒，郭昕，曹大澂，等，2015. 我国农业生产效率发展的结构变化和区域差异 [J]. 华中农业大学学报（社会科学版）(1)：23-29.

屈志光，崔元锋，邓远建，2013. 基于多任务代理的农业绿色发展能力研究 [J]. 生态经济 (4)：102-105.

全炯振，2009. 中国农业全要素生产率增长的实证分析：1978~2007年：基于随机前沿分析（SFA）方法 [J]. 中国农村经济 (9)：36-47.

任青丝，2014. 河南农业产业集群集聚程度与发展策略研究 [J]. 北京农业职业学院学报，28 (3)：27-32.

沈满洪，2018. 习近平生态文明思想研究：从"两山"重要思想到生态文明思想体系 [J]. 治理研究，34 (2)：5-13.

宋洪远，2016. 关于农业供给侧结构性改革若干问题的思考和建议 [J]. 中国农村经济 (10)：18-21.

宋燕平，王艳荣，2009. 面向农业产业集聚发展的技术进步效应分析 [J]. 科学学研究，27 (7)：1005-1010.

宋瑜，2009. 农业龙头企业集聚与农村城市化研究 [J]. 农村经济 (7)：40-42.

宋玉兰，陈彤，2005. 农业产业集群的形成机制探析 [J]. 新疆农业科学 (S1)：205-208.

苏航，2010. 基于产业集聚理论的区域农业竞争力分析 [J]. 农村经济 (4)：52-53.

孙大元，杨祁云，张景欣，等，2016. 广东省农业面源污染与农业经济发展的关系 [J]. 中国人口·资源与环境，26 (S1)：102-105.

孙慧，2007. 新疆特色农业产业集聚与区域经济发展 [J]. 生态经济（学术版）(2)：231-235.

孙炜琳，王瑞波，姜茜，等，2019. 农业绿色发展的内涵与评价研究 [J]. 中国农业资源与区划 (4)：14-21.

孙中叶，2005. 农业产业化的路径转换：产业融合与产业集聚 [J].
经济经纬 (4)：37-39.

唐德华，2014. 基于耗散结构的甘孜州农业绿色发展研究 [J]. 黑龙
江农业科学 (5)：120-124.

滕祖华，王慧，2012. 中外农业产业集群研究综述 [J]. 鲁东大学学报
(自然科学版)，28 (1)：81-87.

田云，2015. 中国低碳农业发展：生产效率、空间差异与影响因素研
究 [D]. 武汉：华中农业大学.

田云，张俊飚，李波，2012. 中国农业碳排放研究：测算、时空比较
及脱钩效应 [J]. 资源科学，34 (11)：2097-2105.

汪成，高红贵，2017. 粮食安全背景下农业生态安全与绿色发展：以
湖北省为例 [J]. 生态经济，33 (4)：107-109，114.

汪宁，叶常林，蔡书凯，2010. 农业政策和环境政策的相互影响及协
调发展 [J]. 软科学，24 (1)：37-41.

王栋，2007. 基于专业化水平分工的农业产业集聚机理研究 [J]. 科
学学研究 (S2)：292-298.

王建国，2005. 我国农业产业集群发展模式研究 [D]. 济南：山东大学.

王力，韩亚丽，2016. 中国棉花全要素生产率增长的实证分析：基于
随机前沿分析法 [J]. 农业技术经济 (11)：95-105.

王留鑫，姚慧琴，韩先锋，2019. 碳排放、绿色全要素生产率与农业
经济增长 [J]. 经济问题探索 (2)：142-149.

王巧玲，2017. 农业产业集聚、品牌运营及其区域品牌构建研究 [D].
海口：海南大学.

王伟新，向云，祁春节，2013. 中国水果产业地理集聚研究：时空特
征与影响因素 [J]. 经济地理，33 (8)：97-103.

王雯慧，2017. 绿色农业：中国农业发展方式的战略选择：解读《关
于创新体制机制推进农业绿色发展的意见》 [J]. 中国农村科技 (11)：22
-25.

王效科，李长生，欧阳志云，2003. 温室气体排放与中国粮食生产 [J]. 生态环境 (4)：379-383.

王兴贵，2015. 甘孜州农业绿色发展系统优化调控研究 [J]. 黑龙江农业科学 (6)：113-116.

王学真，郭香峰，高峰，2007. 寿光蔬菜产业发展对相关产业的影响 [J]. 农业经济问题 (3)：91-95，112.

王亚飞，张毅，廖甍，2019. 外商直接投资对农业全要素生产率的影响：作用机理与经验证据 [J]. 当代经济研究 (6)：74-86，113.

王艳荣，刘业政，2011. 农业产业集聚形成机制的结构验证 [J]. 中国农村经济 (10)：77-85.

王艳荣，刘业政，2012. 农业产业集聚对产业增长贡献率的测度与分析 [J]. 中国农业科学，45 (15)：3197-3202.

王阳，杨凤海，2013. 黑龙江省农业产业集聚存在的问题及对策 [J]. 黑龙江农业科学 (9)：79-83.

王昀，2006. 打造农业产业集群：发展现代农业产业的题中应有之义 [J]. 上海农村经济 (6)：32-36.

韦光，2006. 农业产业集群的识别及其动力因素分析：以北京市平谷区大桃集群产业为例 [D]. 北京：中国农业大学.

魏琦，2018. 以习近平新时代中国特色社会主义思想为指导切实推动农业绿色发展 [J]. 经济研究参考 (33)：7-10.

翁伯琦，张伟利，2013. 试论生态文明建设与绿色农业发展 [J]. 福建农林大学学报（哲学社会科学版），16 (4)：1-4.

邬晓霞，张双悦，2017. "绿色发展"理念的形成及未来走势 [J]. 经济问题 (2)：30-34.

吴传清，宋子逸，2018. 长江经济带农业绿色全要素生产率测度及影响因素研究 [J]. 科技进步与对策，35 (17)：35-41.

吴丹，王亚华，马超，2017. 北大荒农业现代化的绿色发展模式与进程评价 [J]. 农业现代化研究，38 (3)：367-374.

吴凤娇, 2014. 集聚效应与台商农业直接投资区位选择: 基于大陆省际面板数据的最新考证 [J]. 广西师范大学学报 (哲学社会科学版), 50 (6): 57-63.

吴其勉, 林卿, 2013. 农业面源污染与经济增长的动态关系研究: 基于1995—2011年福建省数据分析 [J]. 江西农业大学学报 (社会科学版), 12 (4): 445-452.

伍骏骞, 阮建青, 徐广彤, 2017. 经济集聚、经济距离与农民增收: 直接影响与空间溢出效应 [J]. 经济学 (季刊), 16 (1): 297-320.

武宵旭, 葛鹏飞, 徐璋勇, 2019. 城镇化与农业全要素生产率提升: 异质性与空间效应 [J]. 中国人口·资源与环境, 29 (5): 149-156.

习近平, 2015. 携手构建合作共赢新伙伴 同心打造人类命运共同体: 在第七十届联合国大会一般性辩论时的讲话 [J]. 中国投资 (11): 20-22.

习近平, 2017. 决胜全面建成小康社会 夺取新时代中国特色社会主义伟大胜利: 在中国共产党第十九次全国代表大会上的报告 (2017年10月18日) [J]. 前进 (11): 4-23.

夏秋, 李丹, 周宏, 2018. 农户兼业对农业面源污染的影响研究 [J]. 中国人口·资源与环境, 28 (12): 131-138.

向会娟, 曹明宏, 潘泽江, 2005. 农业产业集群: 农村经济发展的新途径 [J]. 农村经济 (3): 47-49.

肖超苏, 易炼红, 2005. 农业集聚式发展问题探讨 [J]. 湖南农业大学学报 (社会科学版) (2): 9-12.

肖黎明, 高军峰, 韩彬, 2018. 中国省际绿色创新效率的空间溢出效应: 同质性和异质性检验 [J]. 工业技术经济, 37 (4): 30-38.

肖卫东, 2012. 农业地理集聚与农业分工深化、分工利益实现 [J]. 东岳论丛, 33 (8): 126-131.

肖卫东, 2012. 中国种植业地理集聚: 时空特征、变化趋势及影响因素 [J]. 中国农村经济 (5): 19-31.

肖卫东, 2015. 农业空间布局研究的多维视角及引申 [J]. 理论学刊

（8）：49-57.

谢里，王瑾瑾，2016. 中国农村绿色发展绩效的空间差异 [J]. 中国人口·资源与环境，26（6）：20-26.

徐现祥，周吉梅，舒元，2007. 中国省区三次产业资本存量估计 [J]. 统计研究（5）：6-13.

许烜，刘纯阳，2013. 湖南农业产业集群集聚效应实证研究 [J]. 农业科技管理，32（4）：82-85.

闫逢柱，苏李，乔娟，2011. 产业集聚发展与环境污染关系的考察：来自中国制造业的证据 [J]. 科学学研究，29（1）：79-83，120.

严立冬，2011. 委托代理视角下的农业绿色发展研究 [C] //中国可持续发展研究会. 中国可持续发展论坛 2011 年专刊（一）.

杨灿，朱玉林，2016. 论供给侧结构性改革背景下的湖南农业绿色发展对策 [J]. 中南林业科技大学学报（社会科学版），10（5）：1-5.

杨帆，夏海勇，2012. 我国农业部门劳动力投入的经济增长效应 [J]. 人口与经济（5）：8-13.

杨钧，李建明，罗能生，2019. 农村基础设施、人力资本投资与农业全要素生产率：基于空间杜宾模型的实证研究 [J]. 河南师范大学学报（哲学社会科学版），46（4）：46-52.

杨俊，陈怡，2011. 基于环境因素的中国农业生产率增长研究 [J]. 中国人口·资源与环境，21（6）：153-157.

杨礼琼，李伟娜，2011. 集聚外部性、环境技术效率与节能减排 [J]. 软科学，25（9）：14-19.

杨丽，王鹏生，2005. 农业产业集聚：小农经济基础上的规模经济 [J]. 农村经济（7）：53-55.

杨丽君，2013. 农业产业集聚对农民收入的影响效应探讨 [J]. 湖北农业科学，52（11）：2708-2712，2716.

杨英杰，2017-06-16. 发展是解决一切问题的基础和关键 [N]. 学习时报（2）.

姚增福，刘欣，2016. 现代农业全要素生产率分解及空间优化差异：来自湘南农户案例及 VRS-DEA 模型的实证检验 [J]. 经济地理，36 (12)：119-125.

尹朝静，李谷成，贺亚亚，2016. 农业全要素生产率的地区差距及其增长分布的动态演进：基于非参数估计方法的实证研究 [J]. 华中农业大学学报（社会科学版）(2)：38-46，135-136.

尹成杰，2006. 新阶段农业产业集群发展及其思考 [J]. 农业经济问题 (3)：4-7，79.

尹成杰，2016. 加快推进农业绿色与可持续发展的思考 [J]. 农村工作通讯 (5)：7-9.

于法稳，2016. 实现我国农业绿色转型发展的思考 [J]. 生态经济，32 (4)：42-44，88.

于法稳，2016. 习近平绿色发展新思想与农业的绿色转型发展 [J]. 中国农村观察 (5)：2-9，94.

于法稳，2017. 新型城镇化背景下农村生态治理的对策研究 [J]. 城市与环境研究 (2)：34-49.

于法稳，2017. 中国农业绿色转型发展的生态补偿政策研究 [J]. 生态经济，33 (3)：14-18，23.

于法稳，2018. 新时代农业绿色发展动因、核心及对策研究 [J]. 中国农村经济 (5)：19-34.

于骥，蒲实，周灵，2016. 四川省农业面源污染与农业增长的实证分析 [J]. 农村经济 (9)：56-60.

袁平，2008. 农业污染及其综合防控的环境经济学研究 [D]. 北京：中国农业科学院.

岳文博，2016. 中国农业绿色发展指标体系构建及评价 [J]. 佳木斯职业学院学报 (7)：470-471.

展进涛，徐钰娇，葛继红，2019. 考虑碳排放成本的中国农业绿色生产率变化 [J]. 资源科学，41 (5)：884-896.

张大弟，陈佩青，支月娥，1997. 上海市郊 4 种地表径流及稻田水中的污染物浓度 [J]. 上海环境科学（9）：4-6.

张峰，史志伟，宋晓娜，等，2019. 先进制造业绿色技术创新效率及其环境规制门槛效应 [J]. 科技进步与对策，36（12）：62-70.

张复宏，霍明，宋晓丽，等，2017. 基于 SBM 和 Malmquist 指数的中国苹果主产区生产效率空间集聚分析 [J]. 农业技术经济（5）：57-66.

张海霞，韩佩珺，2018. 农业全要素生产率测度及收敛性分析：基于 Hicks-Moorsteen 指数 [J]. 农村经济（6）：55-61.

张红宇，2017. 实施乡村振兴战略需进一步深化农村改革 [J]. 农村经营管理（11）：1.

张宏升，2007. 中国农业产业集聚研究 [M]. 北京：中国农业出版社.

张军，吴桂英，张吉鹏，2004. 中国省际物质资本存量估算：1952—2000 [J]. 经济研究（10）：35-44.

张乐，曹静，2013. 中国农业全要素生产率增长：配置效率变化的引入：基于随机前沿生产函数法的实证分析 [J]. 中国农村经济（3）：4-15.

张敏，杜天宝，2016. "绿色发展" 理念下生态农业发展问题研究 [J]. 经济纵横（9）：92-95.

张乃丽，欧家瑜，2018. 产业结构、生产率与经济增长 "减速"：基于日本都道府县面板数据的实证分析 [J]. 山东大学学报（哲学社会科学版）（1）：102-110.

张晓丹，2017. 农业资本形成视角下的河南农业产业集聚区建设思路 [J]. 农业经济（4）：26-27.

张彦虎，2013. 试论耕地资源禀赋不足对我国近代农业技术发展的影响 [J]. 古今农业（1）：76-82.

张一洲，张国良，曹月乔，等，2015. 淮安市农业园区人才集聚的思考 [J]. 江苏农业科学，43（2）：430-432.

张哲晰，穆月英，2019. 产业集聚能提高农业碳生产率吗？[J]. 中国人口·资源与环境，29（7）：57-65.

赵大伟，2012. 中国绿色农业发展的动力机制及制度变迁研究 [J]. 农业经济问题 (11)：72-78.

赵辉，方天堃，2014. 吉林省农业优势产业集聚及其动力机制分析 [J]. 沈阳农业大学学报 (社会科学版)，16 (1)：6-9.

赵连阁，徐建芬，王学渊，2012. 浙江省农业面源污染的库兹涅茨曲线验证 [J]. 浙江农业学报，24 (6)：1079-1085.

赵霞，吴方卫，2011. 农业产业集群的优化升级：供应链管理视角 [M]. 上海：上海财经大学出版社.

赵洋，2017. 半参数估计方法与理论研究 [D]. 北京：北京工业大学.

郑风田，程郁，2005. 我国农村产业簇群的合作效率分析：云南斗南花卉个案分析 [J]. 中国农村观察 (04)：14-24，44-81.

郑风田，顾莉萍，2006. 准公共品服务、政府角色定位与中国农业产业簇群的成长：山东省金乡县大蒜个案分析 [J]. 中国农村观察 (5)：18-25.

周敏李，薛恒新，张洪珍，2010. 农业产业集群集聚效应分析：基于江苏的数据 [J]. 技术经济，29 (7)：72-78.

周新德，2009. 基于生命周期阶段的农业产业集群形成和演化机理分析 [J]. 经济地理，29 (7)：1134-1138.

朱秋博，白军飞，彭超，等，2019. 信息化提升了农业生产率吗？[J]. 中国农村经济 (4)：22-40.

朱玉林，康文星，2006. 基于农业产业集群的区域品牌需求与供给分析 [J]. 求索 (7)：35-37.

朱韵臻，朱玉林，2015. 基于能值的湖南省农业绿色 GDP 的演变与趋势分析 [J]. 中南林业科技大学学报 (社会科学版)，9 (6)：51-59.

卓乐，曾福生，2018. 农村基础设施对粮食全要素生产率的影响 [J]. 农业技术经济 (11)：92-101.

宗振利，廖直东，2014. 中国省际三次产业资本存量再估算：1978—2011 [J]. 贵州财经大学学报 (3)：8-16.

邹蓉，胡登峰，2008. 我国农业产业化集群发展模式及对策分析 [J]. 经济问题探索 (6)：45-48.

AMITI M, 1998. New trade theories and industrial location in the EU: a survey of evidence [J]. Oxford review of economic policy, 14 (2): 45-53.

ANDERSON T W, HSIAO C, 1981. Estimation of Dynamic Models with Error Components [J]. Publications of the American statisticalassociation, 76 (375): 598-606.

ANSELIN L, FLORAX R J G M, REY S J, 2004. Econometrics for Spatial Models: Recent Advances [M]. Advances in Spatial Econometrics. Springer Berlin Heidelberg.

ANTLE J M, HEIDEBRINK G, 1995. Environment and Development: Theory and International Evidence [J]. Economic development and cultural change, 43 (3): 603-625.

ARELLANO M, BOND S, 1991. Some Tests of Specification for Panel Data: Monte Carlo Evidence and an Application to Employment Equations [J]. Review of economic studies, 58 (2): 277-297.

ARELLANO M, BOVER O, 2004. Another look at the instrumental variable estimation of error-components models [J]. Journal of econometrics, 68 (1): 29-51.

BAIG M B, SHAHID S A, STRAQUADINE G S, 2013. Making rainfed agriculture sustainable throughenvironmental friendly technologies in Pakistan: A review [J]. International soil & water conservation research, 1 (2): 36-52.

BANKER R D, CHARNES A, COOPER W W, 1984. Some Models for Estimating Technical and Scale Inefficiencies in Data Envelopment Analysis [J]. Management science, 30 (9): 1078-1092.

BARKLEY D L, HENRY M S, 1997. Rural Industrial Development: To Cluster or Not to Cluster? [J]. Review of agricultural economics, 19 (2): 308-325.

BARKLEY D L, HENRY M S, KIM Y, 2010. Industry Agglomerations and Employment Change in Non – Metropolitan Areas ［J］. Review of urban & regional development studies, 11 （3）: 168-186.

BLUNDELL R, BOND S, 1998. Initial conditions and moment restrictions in dynamic panel data models ［J］. Economics papers, 87 （1）: 115-143.

BOULDING K E, 1966. The economics of the coming spaceship earth ［C］ // Resources for the Future Forum on Environmental Quality in A Growing Economy: 947-957.

BRADLEY B H, POSTLETHWAITE B E, KLOTZ A C, et al., 2009. Reaping the Benefits: Science and the sustainable intensification of global agriculture ［R］. Mccarthy.

BRASIER K J, GOETZ S, LINDSAY A, et al., 2007. Small farm clusters and pathways to rural community sustainability ［J］. Community development, 38 （3）: 8-22.

BUTTEL F H, 1993. The sociology of agricultural sustainability: some observations on the future of sustainable agriculture ［J］. Agriculture ecosystems & environment, 46 （1-4）: 175-186.

CHARNES A, 1979. Measuring the efficiency of decision making units ［J］. European journal of operational research, 2 （6）: 429-444.

DOROSH P, THURLOW J, 2012. Agglomeration, growth and regional equity: an analysis of agriculture－versus urban－led development in Uganda ［J］. Journal of African economies, 21 （1）: 94-123.

ELLISON G, GLAESER E L, 1997. Geographic concentration in U. S. manufacturing industries: a dartboard approach ［J］. Nber working papers, 105 （105）: 889-927.

FARRELL M J, 1957. The measurement of productive efficiency ［J］. Journal of the royal statistical society, 120 （3）: 253-290.

FELDMAN M, FRANCIS J, BERCOVITZ J, 2005. Creating a cluster

while building a firm: entrepreneurs and the formation of industrial clusters [J]. Regional studies, 39 (1): 129–141.

FUJITA M, THISSE J F, 2002. Economics of agglomeration: the formation of urban centers under imperfect competition [M]. Cambridge Univerligy Press (7): 217–264.

GABE T, 2010. Local industry agglomeration and new business activity [J]. Growth & change, 34 (1): 17–39.

GABE, TODD M, 2005. Industry agglomeration and investment in rural businesses [J]. Review of agricultural economics, 27 (1): 89–103.

GALE F, MCGRANAHAN D, 2001. Nonmetro areas fall behind in the "new economy" [J]. Rural America, 16 (1): 44–52.

GIBBS R M, BERNAT G A J, 1997. Rural industry clusters raise local earnings [M]. Washington D. C: Rural Development Perspectives.

GORDON I R, MCCANN P, 2005. Innovation, agglomeration, and regional development [J]. Journal of economic geography, 5 (5): 523–543.

GROSSMAN G M, KRUEGER A B, 1991. environmental impacts of a north american free trade agreement [J]. Social science electronic publishing, 8 (2): 223–250.

GRUBER S, SOCI A, 2010. Agglomeration, Agriculture, and the Perspective of the Periphery [J]. Spatial Economic Analysis, 5 (1): 43–72.

HANSEN B E, 1999. Threshold effects in non–dynamic panels: estimation, testing, and inference [J]. Journal of econometrics, 93 (2): 345–368.

HANSEN JW, 1996. Is agricultural sustainability a useful concept? [J]. Agricultural systems, 50 (2): 117–143.

HARTRIDGE O, PEARCE D, 2001. Is UK agriculture sustainable? environmentally adjusted economic accounts for UK agriculture [R]. Working Paper, CSERGE publications. Centre for Social and Economic Research on the Global Enrironment (CSERGE), London, UK.

HEITSCHMIDT R K, VERMEIRE L T, GRINGS E E, 2004. Is Rangeland agriculture sustainable? [J]. Journal of animal science, 82 E-Suppl (82 E-Suppl): 138.

HENRY M, DRABENSTOTT M, 1996. A new micro view of the U. S. rural economy [J]. Economic review, 81 (second quarter): 53-70.

HOBBS P R, SAYRE K, GUPTA R, 2008. The role of conservation agriculture in sustainable agriculture [J]. Philosophical transactions of the royal society of London, 363 (1491): 543-555.

JOHNSTON B F, MELLOR J W, 1960. nature of agriculture's contributions to economic development [J]. Food research institute studies, 1 (29): 5863-5883.

KAUR G, 2014. KAUR G, 2013. Sustainable Development in Agriculture and Green Farming in India [J]. OIDA International Journal of Sustainable Drebpment, 6 (12), 61-64. Social Science Electronic Publishing.

KIMINAMI L , KIMINAMI A, 2016 . Agricultural industry clusters in China [M] // Food Security and Industrial Clustering in Northeast Asia. Springer Japan.

KRAYL E , LEIBFRIED R , WERNER R , 1990. Impact of farmers' risk attitudes on farm income and environmental pollution by nitrogen fertilization [J]. Agrarwirtschaft: 175-186.

KRUGMAN P, 1991. Increasing returns and economic geography [J]. Journal of political economy, 99 (3): 483-499.

KUSUMA M, 2011. The role of tapioca agroindustry cluster in local economic development in pati regency central java province [D]. Yogyakarta: Universitas Gadjah Mada.

MARSHALL A, 1920. Principles of economics: an introductory volume [J]. Social Science electronic publishing, 67 (1742): 457.

MARTON A M, 2015. Local geographies of globalisation: rural agglomeration in the Chinese countryside [J]. Asia pacific viewpoint, 43 (1): 23-42.

MIZOBE T, KUCHIKI A, 2011. Application of flowchart approach model to agro-food processing industry cluster: case of nacala corridor region in mozambique [J]. Journal of agricultural development studies, 22: 1-11.

MONTIFLOR M O, BATT P J, MURRAYPRIOR R, et al., 2009. Socioeconomic impact of cluster farming for smallholder farmers in Southern Philippines. [J]. Acta horticulturae (809): 193-200.

OECD P E, 1993. Safety evaluation of foods derived by modern biotechnology: concepts and principles our common future [J]. Oxford England Oxford University Press, 11 (1): 53-78.

PEREIRA R S, 1972. The limits to growth: a report for the club of rome's project on the predicament of mankind earth island [J]. Análise social (34): 458-460.

PEREZ-CARMONA A , 2013. Growth: a discussion of the margins of economic and ecological thought [M]. Transgovernance.

PLASSMANN F, KHANNA N, 2006. Household income and pollution: implications for the debate about the environmental kuznets curve hypothesis [J]. Journal of environment & development (1): 22-41.

PORTER, MICHAEL E, 1980. Competitive strategy : techniques for analyzing industries and competitors : with a new introduct [M]. Free Press.

PRETTY J, TOULMIN C, WILLIAMS S, 2011. Sustainable intensification in African agriculture [J]. International journal of agricultural sustainability, 9 (1): 5-24.

QIAN G , WU D , HAO Y , et al., 2014. Industrial agglomeration in china's agricultural product processing industry [M] // Proceedings of 2013 World Agricultural Outlook Conference. Berlin: Springer Berlin Heidelberg.

RAMAKRISHNAN P S, 1992. Shifting agriculture and sustainable development: an interdisciplinary study from north-eastern India [J]. Neurosurgical review, 35 (35): 463-75.

SARTURI G, VARGAS C A F, BOAVENTURA J M G, et al., 2016. Competitiveness of clusters: A comparative analysis between wine industries in Chile and Brazil [J]. International journal of emerging markets, 11 (2): 190-213.

SCHALLER N, 1993. The concept of agricultural sustainability [J]. Agriculture ecosystems & environment, 46 (1-4): 89-97.

SCHERER L A, VERBURG P H, SCHULP C J E, 2018. Opportunities for sustainable intensification in European agriculture [J]. Global environmental change, (48): 43-55.

SCORSONE E A, 2002. Industrial clusters: Enhancing rural economies through business linkages [R]. Mississippi State: Southern Rural Development Center.

SMITH A, 1994. An Inquiry into the Nature and Causes of the Wealth of Nations [M]. The Modern Library.

SUDHA M, KRUIJSEN F, SILVA C A D, et al., 2011. Linking farmers to market through processing: the role of agro-industry clusters with special reference to mango in south India. [M]. Rome Food & Agriadture Organization of the United Nations (FAO).

TILMAN D, CASSMAN K G, MATSON P A, et al., 2015. Agricultural sustainability and intensive production practices [J]. Nature, 418 (6898): 671-677.

TONE K, 2001. A slacks-based measure of efficiency in data envelopment analysis [J]. European journal of operational research, 130 (3): 498-509.

WEIJLAND H, 1999. Microenterprise Clusters in Rural Indonesia: Industrial Seedbed and Policy Target [J]. World development, 27 (9): 1515-1530.

WELCH R M, GRAHAM R D, 1999. A new paradigm for world agriculture: meeting human needs. Productive, sustainable, nutritious [J]. Field crops research, 60 (1-2): 1-10.

WHEATON W C, LEWIS M J, 2002. Urban wages and labor market agglomeration [J]. Journal of urban economics, 51 (3): 542-562.

WINDMEIJER F, 2000. A finite sample correction for the variance of linear efficient two-step GMM estimators [J]. Journal of econometrics, 126 (1): 25-51.

WINSBERG M D, 1980. Concentration and Specialization in United States Agriculture, 1939-1978 [J]. Economic geography, 56 (3): 183-189.

ZADOROZHNA L, 2014. Forming agroindustries clusters for reaching competitiveness of ukrainian agroindustrial sector [J]. Journal of Eastern European and Central Asian rsesarch (jeecar), 1 (1): 1-11.

ZECA D E, 2012. The ecoagrocluster an answer to global challenges, focus on sustainable development [J]. Revista economica, supplement: 429-436.

致　谢

尽吾志也而不能至者，可以无悔矣。

——王安石《游褒禅山记》

当博士毕业论文终于写完的那个瞬间，我有点恍惚，既有一种完成使命的快乐，也有一种重负尽释后怅然若失的空虚。寝室窗外微风习习、树影婆娑，在西南财经大学博学园 372 寝室，这个我住了 3 年半的房间里，我终于在人生最重要的一道关口上迈出了关键性的一步。从 1999 年正式小学入学到 2019 年博士论文答辩，长达 20 余年的学习生涯即将结束，此时此刻，我心中感慨万千。

我十分感谢国家，感谢党和政府，为我们创造了安全良好的社会发展环境，使我们可以心无旁骛地在校园里认真学习，通过自身的不懈努力改变自己的命运。这是个有希望有理想的时代。

我在博士毕业论文的写作过程中，从论文选题、思路梳理、框架构建到展开写作，自始至终都得到我的恩师——西南财经大学经济学院区域经济学教授、博士生导师徐承红教授的悉心指导。自 2014 年秋季成为恩师的硕士研究生后，恩师渊博的学术知识、高尚的师风师德、严谨的教学风格、孜孜不倦的敬业精神、严格自律的生活态度、无私博爱的关心支持，完美地诠释了"为人师表"的深刻内涵，深刻地影响了我的世界观、人生观、价值观，进而也极大地影响了我的发展方向。现在回想起来，印象最深刻的是恩师给我们上第一节课时讲的"生命的意义"。生命的意义并不在于其广度，而在于其深度；人生短暂，必须努力拼搏才能活得精彩。从恩师身上，我加深了对区域经济学专业的理解，接触和学习了在书本和课堂里学不到的大量知识，最重要的是对生命的意义有了新的理解。这既成了我面对挫折时的坚强铠甲，也是我迎难而上的锋利武器。我在此深鞠一躬，向恩师真挚地说一声："老师，感谢您为我们付出的一切，您辛苦了！"

在博士毕业论文的写作中，我还得到了西南财经大学经济学院丁任重教授、陈健生教授、赵曦教授、张伟教授、杨维琼教授、李标教授、杨海涛教授的无私指导与亲切关心。杨海涛教授、白淑敏教授、马捷教授、孟开文教授给予我本科课程教学助理的岗位，不仅解决了我的生活费用问题，也加深了我的跨学科学习。四川农业大学申云老师对我平时的论文写作也提出了很多建设性意见，使我获益匪浅。对以上各位老师的无私帮助，我诚挚地表示感谢。在博士论文的写作中，我借鉴了很多国内外相关领域专家、学者的研究成果，在此一并表示感谢。

在学习期间，我非常荣幸地加入了一个团结友爱、积极阳光的班集体，认识了很多能力突出、未来定能在事业上大放异彩的同学。他们不仅是我最好的朋友，也是我生活、学习、工作中的榜样，从他们身上我学习到了很多。张焱、彭争呈、孙海波、黄书雷、徐志向、熊江尧、周颖、杨天池、张海浪、余声启、张涛、赵璐曼、石华平、刘明辉、李雪冬、冯庆元、徐灿琳、陈昌翠、吴军、肖华堂、田世野、冯吉光、王金哲、刘子威、李京蓉等博士同学在学习和生活中给我带来了很多帮助和快乐，我们一起度过了难忘又难熬的读博生涯；朱俊杰、陈杨林、刘传辉、潘忠文、韩明明、王艳、陈辰、韦翠菊、陈春霖、刘琪等师兄、师弟、师妹也给予了我很多的帮助，尤其是朱俊杰师兄，他不仅以身作则鼓励我们，在毕业后的日常生活中也十分关心我们的学习和生活。正是他们的陪伴才使得寒窗苦读转化成快乐，在此一并表示感谢。

感谢我的父母和亲人，没有他们的鼎力支持与无私帮助，我不可能达到现在的状态。我艰难求学的道路浸透着他们的无数心血与汗水，这是一条他们亲手编织的光荣之路。他们是我永远乐观积极、坚持奋斗拼搏的动力源泉。对他们的付出我至今无以为报，只求未来努力拼搏，给予他们我能取得的最好的一切，用全部的爱来陪伴他们。

这篇博士论文既是对我在读博期间学习、工作与研究的全面总结，也是今后学习、工作与研究的全新起点。"乘风破浪会有时，直挂云帆济沧海。"

薛蕾

2022 年 5 月